INGLÊS NOSSO DE TODO DIA

Preparação de texto: Elza Mendes
Projeto gráfico de capa e miolo: Laura Lotufo

Dados Internacionais de Catalogação na Publicação (CIP)
(Câmara Brasileira do Livro, SP, Brasil)

Igreja, José Roberto A.
O inglês nosso de todo dia: origem, significados e curisiodades das palavras e expressões em inglês correntes no Brasil e dicas valiosas para você melhorar o seu inglês / José Roberto A. Igreja. – 1. ed. – Barueri, SP: Disal Editora, 2023.

ISBN 978-65-88123-09-6

1. Expressões idiomáticas 2. Expressões idiomáticas – Dicionários 3. Expressões populares 4. Língua inglesa – Estudo e ensino 5. Língua portuguesa – Influências norte-americana I. Título.

23-173792 CDD-469

Índices para catálogo sistemático:
1. Língua inglesa: Expressões idiomáticas: Língua portuguesa 469
Aline Graziele Benitez – Bibliotecária – CRB-1/3129

DISAL EDITORA

Alameda Mamoré, 911 – cj. 107
Alphaville – Barueri – SP
CEP: 06454-040
Tel. / Fax: (11) 4195-2811
Visite nosso site: www. disaleditora. com. br
Televendas: (11) 3226-3111

Fax gratuito: 0800 7707 105/106
E-mail para pedidos: comercialdisal@disal. com. br

José Roberto A. Igreja

O INGLÊS NOSSO DE TODO DIA

Origem, significados e curiosidades das palavras e expressões em inglês correntes no Brasil e dicas valiosas para você melhorar o seu inglês

DISAL EDITORA

SUMÁRIO

APRESENTAÇÃO

→ Clicou no **link** para ouvir o **podcast** em seu **tablet**.
→ Vários **insights** surgiram durante a nossa sessão de **brainstorming**.
→ O **coworking** pode ser uma boa alternativa para **freelancers** que preferem fugir do trabalho solitário do **home office**.
→ Serviços de **streaming** vivem **boom** no país.
→ Fomos apresentados ao **CEO** da **start-up** durante o **coffee break** do evento.
→ Vendas **online** através de **marketplaces** e **e-commerce** próprio cresceram durante a pandemia.

Palavras e expressões em inglês, como as que aparecem nas frases acima, fazem parte do nosso dia a dia e são facilmente encontradas na mídia impressa e digital brasileira. Com efeito, o número de anglicismos integrados ao nosso discurso cotidiano não para de crescer.

Podemos constatar que a incorporação de novos anglicismos ao português falado no Brasil teve um incremento vertiginoso nos últimos trinta anos, fato que se deve em grande parte ao surgimento de novidades tecnológicas impulsionadas com o advento da *internet*, que no Brasil teve a sua grande expansão a partir do ano de 1996.

Em uma rápida comparação, observamos que do outro lado do Atlântico a incorporação de anglicismos ao português falado em Portugal é mais tímida e contida. Um exemplo clássico é a palavra *mouse* (periférico de computador) que na terra de Camões foi literalmente batizada com o singelo nome de "rato".

Já no Brasil vemos que a presença de um grande número de anglicismos em nossa comunicação cotidiana é notória e motivada por vários fatores. As influências, sobretudo dos Estados Unidos, são muitas, e provêm de esferas diversas, como a já mencionada evolução tecnológica, mas também do mundo corporativo, da indústria do entretenimento e lazer, e da gastronomia, entre outras. Novos anglicismos são também introduzidos a partir de circunstâncias diversas, algumas inesperadas. É o caso de *lockdown*, expressão que ganhou projeção global e esteve muito presente em nossa rotina durante os piores momentos da pandemia de coronavírus no Brasil.

A assimilação de anglicismos ocorre de maneira fluída em nosso país. Talvez uma das explicações para esse fenômeno seja a crença generalizada de que o uso de termos em inglês confira status e sofisticação à nossa fala ou escrita. Um breve passeio a qualquer *shopping center* brasileiro revela o nosso fascínio por nomes e expressões que remetem a países anglófonos, em especial os Estados Unidos. Alguns exemplos corriqueiros são as palavras *sale*, usada como sinônimo de liquidação, e *off*, empregada para se referir ao percentual de desconto oferecido pelas lojas. Além disso, o número de edifícios comerciais e residenciais, lojas e outros estabelecimentos com nomes em inglês é contundente, e faz com que um falante nativo desse idioma em visita ao nosso país se sinta em casa.

Inglês nosso de todo dia explora o rico universo das palavras, siglas e expressões em inglês correntes no Brasil, explicando origens, esclarecendo significados e comentando curiosidades. O livro cumpre um propósito maior e traz um conteúdo valioso para você que também deseja melhorar os seus conhecimentos da língua inglesa.

São apresentadas mais de 200 dicas e frases contextualizadas em inglês, traduzidas em português para uma melhor compreensão, com informações pontuais e relevantes sobre os temas tratados.

Destaca ainda um fenômeno interessante e curioso: algumas palavras inglesas incorporadas à nossa língua foram abreviadas ou alteradas, ou seja, sofreram um processo de "tropicalização" (*living* em vez de *living room*; *smoking* em vez de *tuxedo*; *outdoor* em vez de *billboard* ou *outdoor advertising*; e outras). Em alguns casos, a grande inventividade do brasileiro ajudou até a criar pseudoanglicismos que fazem sentido apenas para nós brasileiros (*motoboy, disk, pocket show, baby look, pet place,* e outros).

Com enfoque prático, *Inglês nosso de todo dia* é um livro abrangente e de interesse a todos, visto que as palavras e expressões apresentadas permeiam o discurso cotidiano. A intenção foi reunir os termos recorrentes no linguajar do brasileiro, meios de comunicação, mídia impressa e digital em nosso país, sem enveredar por áreas técnicas e especializadas em que os usos são mais restritos. Vale destacar que o maior número de anglicismos selecionados para este trabalho, como se poderia esperar, advém do setor tecnológico, seguido logo após pelo segmento corporativo.

O livro é recheado com curiosidades e histórias por trás de muitas dessas palavras e expressões, o que o torna envolvente e instrutivo. Entre vários esclarecimentos, dados culturais e informações pontuais, você vai se encantar e em alguns casos até se surpreender ao descobrir:

→ Como surgiu o nome do sanduíche **hot dog**.

→ A origem e as curiosidades em torno de palavras e expressões como **jam session**, **cooper**, **mayday**, **dream team**, **save the date**, **black friday**, **jeans**, **rock and roll**, **sugar daddy**, **big brother**, **ok**, **sos**, **brexit**, **selfie**, **lockdown** e da famosa frase **to be or not to be** entre outras.

→ O que foi o **bug** do milênio.

→ De onde vem o nome **spam**, com o sentido de e-mail não solicitado e indesejado.

→ Os significados e usos de abreviações e siglas como **suv**, **laser**, **app**, **pub**, **combo**, **qr code**, **indie**, **sitcom**, **vibe**, **wi-fi**, **lol**, **wc**, **wo**, **ipo**, **sap**, **www**, **faq** e muitas outras.

→ A versatilidade das palavras **box**, **top** e **show** em nosso discurso contemporâneo.

Inglês nosso de todo dia é um livro recomendado a todos os brasileiros que desejam ter um melhor domínio de seu próprio idioma e ao mesmo tempo aprofundar o seu conhecimento da língua inglesa. Tenho certeza que este livro vai contribuir para que você alcance uma comunicação mais efetiva e clara, tanto em português quanto em inglês.

Enjoy!

José Roberto A. Igreja

ALIMENTAÇÃO E CULINÁRIA

BABY BEEF O uso da denominação *baby beef* é relativamente recente no Brasil. O termo começou a ser mais empregado no início do século XXI para se referir ao corte nobre proveniente do miolo da alcatra. O que chamamos de *baby beef* é o coração ou, como algumas pessoas dizem, o centro da alcatra. É importante esclarecer que esse termo tem outro significado nos países de língua inglesa, onde é usado para se referir à carne de bois muito jovens, como o novilho e a vitela, daí o adjetivo *baby* (bebê), que compõe essa expressão e qualifica *beef* (carne bovina).

BACON Anglicismo já bastante difundido na culinária brasileira. É o prosaico toucinho defumado, proveniente do porco. Vale lembrar que o *bacon* é um dos ingredientes de um prato comumente servido no café da manhã inglês e americano: *bacon and eggs* (ovos com bacon).

BANANA SPLIT De *banana* (banana) e *split* (partida, dividida). É a sobremesa que consiste de uma banana partida ao meio, acompanhada de sorvete, chantili, castanhas de caju ou nozes picadas e calda de morango, chocolate, etc.

BLEND Anglicismo usado para se referir a bebidas. *Blend* tem o sentido de mistura ou combinação: "*blend* de grãos de café", "*blend* de cafés especiais". O termo *blend* também qualifica o vinho que é feito a partir da combinação de diferentes tipos de uvas, como é o caso do clássico *Blend* de Bordeaux. O chamado "uísque *blended*" é o uísque produzido com uma mistura de diferentes uísques de malte e de grãos (não maltados) provenientes de destilarias distintas. Além disso, *blend* é um termo empregado de forma mais restrita em linguística. Nesse contexto *blend* designa um vocábulo que é formado da fusão de duas palavras, como é o caso de showmício (show e comício), atacarejo (atacado e varejo) e portunhol (português e espanhol). A dica de inglês fica por conta da palavra *blender* (liquidificador), formada pelo verbo *blend* (misturar) acrescida do sufixo *er*.

BLOODY MARY Há várias teorias quanto à origem desse *drink* (p. 15) clássico que teria sido inventado na década de 1920 ou 1930 e que tem a vodca e o suco de tomate como ingredientes principais. Em tradução literal para o português *Bloody Mary* significa "Maria sangrenta", sendo que *bloody* é uma referência à cor vermelha do suco de tomate. Além de vodca e suco de tomate, o coquetel clássico de *Bloody Mary* normalmente inclui suco de limão, pimenta-do-reino, molho tabasco, molho inglês, sal, açúcar e cubos de gelo. É uma bebida indicada para a cura de ressacas e tradicionalmente servida em *brunches* (p. 12) nos Estados Unidos.

BROWNIE Normalmente bolo meio compactado de chocolate. Algumas receitas incluem na massa nozes, ou outras oleaginosas, picadas. O nome desse bolo tem origem na cor marrom (*brown*) do chocolate.

BRUNCH É a refeição perfeita para quem acorda tarde demais para o café da manhã, mas ainda muito cedo para o almoço. Com efeito, a palavra *brunch* é formada a partir da combinação das primeiras letras de ***br**eakfast* (café da manhã) e as últimas de ***lunch*** (almoço). O *brunch* é assim a refeição reforçada, servida especialmente nos fins de semana e feriados, e que inclui pratos servidos tanto no café da manhã quanto no almoço.

CAESAR SALAD A criação dessa salada é atribuída a Caesar Cardini, um ítalo-americano que a teria inventado em 1924. Há várias versões de *caesar salad* (salada césar), sendo que a receita tradicional inclui anchovas, alface romana e croutons. Uma versão popular de *caesar salad* normalmente tem como ingredientes folhas de alface americana, frango grelhado, croutons, molho (creme de leite, maionese, azeite, parmesão e alho) e parmesão ralado.

CATERING Fornecimento de pratos preparados para festas, eventos, companhias aéreas, etc. As empresas de *catering* normalmente também disponibilizam profissionais para atender em tais eventos, bem como os utensílios necessários (louças, talheres, copos, etc.) para a ocasião. *Catering* pode ser traduzido em português por "serviço de bufê". Agora segue a dica para você que também quer melhorar o seu inglês: o verbo *cater/catered/catered* significa fornecer serviço de alimentos e bebidas. Ex.: *Have you decided who is going to cater the wedding reception?* (Vocês já decidiram quem vai fazer o bufê da recepção de casamento?).

CHEESECAKE Termo formado a partir da combinação das palavras *cheese* (queijo) e *cake* (bolo). É o bolo feito de ricota ou queijo cremoso, leite, ovos, açúcar e uma base fina de massa ou bolacha triturada. A receita original americana inclui calda de frutas vermelhas, mas hoje em dia há uma grande variedade de receitas de *cheesecake*.

CHERRY É o "licor de cereja", feito de cerejas maceradas no conhaque. O curioso é que *cherry* em inglês faz referência apenas à fruta cereja. O equivalente a licor de cereja nos países de língua inglesa é *cherry brandy*, em que *brandy* significa conhaque.

CHESTER ver **Marcas registradas** p. 95

COFFEE BREAK A combinação das palavras *coffee* (café) e *break* (pausa, intervalo) define o significado desse termo que é autoexplicativo: "pausa para o café". Esse anglicismo é amplamente usado no Brasil em eventos empresariais, congressos, palestras, treinamentos e outros, onde um *coffee break* é muitas vezes oferecido aos participantes, que aproveitam a ocasião para também relaxar e fazer *networking* (p. 123). Além de café, o *coffee break* de um evento costuma incluir água, sucos, sanduíches, tortas, bolos, etc. A grafia *coffee-break* (com hífen) também é às vezes usada.

COFFEE SHOP De *coffee* (café) e *shop* (loja). É um "café ou cafeteria", estabelecimento que serve diferentes tipos de café, cappuccino e outras bebidas, bem como lanches rápidos, bolos, *muffins* (p. 19), etc. É oportuno destacar que o termo *coffeeshop* (uma só palavra) é utilizado na Holanda para se referir a um estabelecimento onde, além dos itens descritos acima, é possível também comprar haxixe e maconha. A venda de produtos feitos com canábis para consumo pessoal dentro desses estabelecimentos é permitido pelas autoridades do país.

COMBO ver **Siglas e abreviações** p. 150

COOKIE Biscoito redondo, crocante e achatado, que às vezes contém gotas de chocolate ou pequenos pedaços de nozes. Ver também *cookie* na seção **Tecnologia e mundo digital** p. 187.

COOLER Recipiente térmico usado para manter bebidas e alimentos gelados, conforme exemplificado na frase: "Eles levaram um *cooler* cheio de latas de cerveja para a praia". Um *cooler* pode ter vários formatos e tamanhos. Do verbo *cool* (esfriar, refrigerar, refrescar) e do sufixo *er*, empregado na língua inglesa para designar o agente de uma ação, transmitindo nesse caso a ideia de "aquilo que refrigera ou esfria". Ver também *cooler* na seção **Tecnologia e mundo digital** p. 187.

CUPCAKE As palavras *cup* (xícara) e *cake* (bolo) formam o nome desse bolinho macio que tem coberturas variadas. O termo *cupcake* tem origem nos potes individuais de cerâmica (formato de xícara) em que esses bolinhos eram assados. Hoje em dia há uma grande variedade de *cupcakes*, com diversos sabores e coberturas. De origem americana, os *cupcakes* já são bastante populares no Brasil.

CURRY Condimento amarelado em pó, de origem indiana. O *curry* é composto de diversas especiarias (coentro, pimenta-do-reino, gengibre, açafrão-da-índia, etc.) e é utilizado na preparação de vários pratos que incluem carne, frango, peixes, legumes e outros. *Curry* também é, por extensão, o nome do molho feito com esse condimento, Ex.: arroz ao *curry*, frango ao *curry*, etc.

DARK KITCHEN De *dark* (escuro, escura) e *kitchen* (cozinha). Novo conceito de negócio na área da alimentação. Uma *dark kitchen* é basicamente uma cozinha planejada para atender clientes exclusivamente por entrega (ver *delivery* p. 15) através de pedidos online, geralmente feitos por meio de aplicativos de entrega de alimentos. Para um empreendedor, a vantagem de abrir uma *dark kitchen* está no custo fixo menor: não há salão com mesas, nem garçons. Além disso, o aluguel do local onde vai funcionar a *dark kitchen* é mais barato, já que não há a necessidade de estar localizada em ruas comerciais nobres ou shoppings.

DELIVERY ver **Curiosidades** p. 47

DIET O anglicismo *diet* é sinônimo do adjetivo "dietético". Termo empregado para se referir ao alimento que apresenta ausência ou redução de algum nutriente, como o açúcar, sal ou gordura, normalmente consumido por pessoas com alguma restrição alimentar, como é o caso dos hipertensos e diabéticos. *Diet* é uma palavra empregada como substantivo ou adjetivo na língua inglesa. Veja um exemplo contextualizado do substantivo *diet* (dieta): *Dave was overweight, so he decided to go on a diet* (Dave estava com excesso de peso e então decidiu fazer dieta). Segue agora um exemplo com o adjetivo *diet* (dietético, *diet*): I'll have a diet coke, please! (Vou tomar uma coca *diet*, por favor!). Ver também *light* p. 18

DOUGHNUT/DONUT É a rosquinha de massa frita, ou assada, açucarada, ou outra cobertura, que pode ter vários tipos de recheio, tais como creme, geléia e chocolate, entre outros. Embora o termo *doughnut* seja frequentemente usado nos Estados Unidos para se referir à rosquinha no formato de anel (*ring doughnut*), ela pode também ter o formato esférico (*filled doughnut*), assim como o nosso tradicional sonho. Os *doughnuts* ou *donuts* (forma abreviada) são muito populares nos Estados Unidos e vêm conquistando espaço no Brasil.

DRINK O anglicismo *drink* é usado como sinônimo de aperitivo ou trago. É a bebida alcoólica que se toma antes de refeições ou em um *pub* (p. 162) com amigos. Tanto a grafia original em inglês, *drink*, quanto à forma aportuguesada "drinque" estão presentes na mídia impressa e digital brasileira. Na língua inglesa a palavra *drink* é empregada para se referir a qualquer bebida (refrigerante, suco, café, etc.), além de bebidas alcoólicas. Por último, é importante lembrar que *drink* também é um verbo em inglês. Ex.: *Would you like something to drink?* (Você gostaria de beber algo?).

DRY MARTINI Também conhecido simplesmente como *martini*, é um coquetel clássico preparado com gim e vermute seco (*dry* em inglês significa seco). Esse é um *drink* (p. 15) que o fictício agente secreto britânico James Bond, o famoso 007, ajudou a popularizar. Nos filmes da série ele costuma pedir o seu *dry martini "shaken, not stirred"* (batido, não mexido).

FAST FOOD A expressão *fast food*, formada pelas palavras *fast* (rápido) e *food* (comida), remete à ideia de "comida rapidamente preparada e servida". O conceito de *fast food* começou a fazer sucesso no Brasil no final da década de 1970, quando foi aberta a primeira unidade do McDonald's no país, em Copacabana, no Rio de Janeiro. Desde então um grande número de redes de *fast food* aqui se instalaram, oferecendo em seus cardápios uma ampla variedade de pratos rápidos, como hambúrgueres, batatas fritas, *milk shakes* (p. 19), pastéis, esfihas, kibes, frango frito, sanduíches, pizzas, *hot dogs* (p. 17) e outros. O termo *fast food* também é empregado, no Brasil, para se referir a um estabelecimento que serve esse tipo de comida, Ex.: "Vamos parar num *fast food* para comer alguma coisa".

FINGER FOOD De *finger* (dedo) e *food* (comida). Em tradução livre "comida de dedo". Como o próprio nome sugere, *finger food* faz referência à comida que se pode comer com as mãos, sem que seja necessário sentar-se à mesa e usar pratos e talheres. Essas pequenas porções têm se tornado uma tendência em festas de aniversário, casamentos, confraternização de empresas e outros eventos. Entre alguns exemplos de *finger food* estão: salgados diversos, minipizza, mini-hot dog, pão de queijo, canapés diversos, minipastel, dadinho de tapioca, tortinhas, quiches e outros.

FOOD TRUCK Expressão formada a partir das palavras *food* (comida) e *truck* (caminhão), que em tradução literal significa "caminhão de comida". Os *food trucks* são as caminhonetes ou *vans* (p. 165) gastronômicas que normalmente oferecem comida rápida a um preço acessível. Fazem parte do cenário urbano das grandes cidades americanas e europeias e estão presentes também no Brasil. O conceito de *food truck* evoluiu muito desde as primeiras kombis que vendiam *hot dog* (p. 17). Hoje em dia há *food trucks* especializados em variados tipos de comida, como hambúrgueres, temaki, massas, pizzas e outros.

FROZEN YOGURT De *frozen* (congelado) e *yogurt* (iogurte). Sobremesa gelada feita de iogurte, com consistência similar ao sorvete, normalmente servido com calda de chocolate ou de frutas. Termo às vezes abreviado para simplesmente *frozen*, conforme exemplificado na frase: "Vou tomar um *frozen* de sobremesa".

GRAPEFRUIT Fruta similar à laranja, porém maior, menos doce e com casca amarelada. No Brasil também é chamada de toranja. A palavra *grapefruit* é formada da junção de *grape* (uva) e *fruit* (fruta). É assim chamada porque seus frutos dão em cachos, como as uvas.

GRILL O anglicismo *grill* (grelha) é empregado no Brasil como sinônimo de eletrodoméstico usado para grelhar alimentos, como é o caso do popular George Foreman Grill. Além disso, muitos nomes de restaurantes brasileiros vêm acompanhados da palavra *grill* para enfatizar que servem pratos com carnes grelhadas.

HOT DOG É o trivial "cachorro-quente", sanduíche de salsicha quente, com ou sem mostarda, *ketchup* (p. 18), etc. Mas qual é a relação de cachorro (*dog*) com esse sanduíche? Um cão da raça alemã Dachshund (bassê, cão comprido e magro, também conhecido por salsichinha ou linguicinha) pode ter sido a inspiração do nome desse sanduíche muito popular e conhecido internacionalmente. Diz a lenda que um açougueiro alemão teria batizado as salsichas que fabricava com o nome da raça de seu cachorro (bassê), talvez pelas características: comprido e magro. Por volta de 1880, outro alemão que imigrara para os Estados Unidos levando esse tipo de salsicha, criou um sanduíche quente, feito com pão, salsicha e molhos. Há relatos de que teria sido por volta de 1900, nos estádios de beisebol de Nova Iorque, que esse sanduíche teria se popularizado. Os vendedores ambulantes gritavam *Get your hot Dachshund!*, o que chamou a atenção de um cartunista da época, Tad Dorgan, que resolveu fazer um cartum cômico, com um cão Dachshund dentro de um pão e a legenda *Get your hot dog!* (Pegue o seu cachorro-quente!). O nome alemão Dachshund não era familiar e Tad o teria substituído por "cachorro-quente", dessa forma descomplicando e ao mesmo tempo acrescentando uma pitada de humor. O nome *hot dog* pegou e em pouco tempo as pessoas passaram a pedir o sanduíche por esse nome. Após a Segunda Guerra Mundial (1939-1945), por influência da cultura americana, o *hot dog* conquistou gradualmente o seu espaço no Brasil, passando a ser conhecido tanto pelo nome original em inglês, como pela tradução literal desse termo em português, "cachorro-quente".

ICE TEA De *ice* (gelo) e *tea* (chá). Chá gelado, adoçado e com sabor limão, pêssego, etc. A grafia *iced tea* também é usual na língua inglesa.

IRISH COFFEE De *irish* (irlandês) e *coffee* (café). O *irish coffee* é uma bebida preparada com café, uísque irlandês e açúcar, depois por cima creme de leite batido.

JUNK FOOD De *junk* (porcaria, lixo, tranqueira, droga) e *food* (comida). Expressão coloquial usada para se referir à comida de baixa qualidade nutritiva e alto teor calórico, que é normalmente associada às redes de *fast food* (p. 16).

KETCHUP Molho espesso de tomate, temperado com vinagre e outros condimentos, de sabor levemente adocicado. Assim como a mostarda, o *ketchup* é muito utilizado para temperar pratos de *fast food* (p. 16), como o hambúrguer.

LIGHT Já é grande a quantidade de alimentos e bebidas brasileiras que possuem a sua versão *light*, ou seja, de baixo valor calórico, ou com menor teor alcoólico que o usual. Além de ser um termo empregado para qualificar alimentos e bebidas, o anglicismo *light* também é usado de forma figurativa para se referir a uma situação ou algo que é menos radical ou árduo, ou seja, que é moderado ou leve. A palavra *light* em inglês é empregada como substantivo (luz), adjetivo (leve) e verbo (acender, iluminar).

LONG NECK Anglicismo usado para se referir à garrafa de cerveja pequena, com capacidade de 250 a 355 ml. Termo formado pelas palavras *long* (longo, comprido) e *neck* (pescoço) em referência ao gargalo alongado desse tipo de garrafa. A grafia usual na língua inglesa é *longneck*, uma única palavra.

MARSHMALLOW Doce feito com clara de ovos, gelatina, xarope de milho e açúcar, batidos até alcançar uma consistência cremosa. Normalmente usado no recheio e na cobertura de bolos. O nome *marshmallow*, por extensão, também faz referência à calda preparada com esse doce. A palavra *marshmallow* é formada da junção dos substantivos *marsh* (pântano) e *mallow* (alteia, malva), uma planta que cresce próximo a pântanos e outras áreas úmidas. Originalmente o doce *marshmallow* era preparado a partir da seiva da alteia, daí o nome.

MILK-SHAKE De *milk* (leite) e *shake* (sacudir, agitar, chacoalhar, bater). Bebida preparada com leite e sorvete batidos no liquidificador. Algumas variações de receitas de *milk-shake* incluem frutas, aromatizantes e outros ingredientes. As grafias *milkshake* (uma só palavra) e *milk shake* (sem hífen) são as usuais nos países anglófonos e a forma reduzida *shake* é empregada como sinônimo de *milk-shake*, tanto nos países de língua inglesa quanto no Brasil. Além disso, a palavra *shake* também é empregada com o sentido de *kit* (p. 73) de ingredientes pronto para bater no liquidificador, normalmente consumido por pessoas que fazem dieta.

MUFFIN Bolinho doce que pode ter vários sabores (chocolate, laranja, etc.) e que, diferentemente do *cupcake* (p. 14), não tem cobertura. Os *muffins* são assados em pequenas formas especiais.

NUGGET Anglicismo que os estabelecimentos de *fast food* (p. 16) ajudaram a difundir no Brasil. Trata-se de pedaço pequeno de frango empanado e frito, podendo ter formatos variados, o mais comum é o de bolinha achatada ou tipo pepita. Com efeito, o significado original da palavra *nugget* em inglês é “pepita”. Ex.: *They found some gold nuggets in the river* (Eles encontraram algumas pepitas de ouro no rio).

ONION RINGS Anéis de cebola empanados. Anglicismo que as hamburguerias e outros restaurantes brasileiros ajudaram a difundir e consolidar. Um prato usual nos países de língua inglesa e agora também presente em todo o mundo, servido como aperitivo ou acompanhamento. De *onion* (cebola) e *rings* (anéis).

ON THE ROCKS *Rocks* significa "rochas", mas pode também ser uma referência a pedras de gelo em uma bebida na expressão *on the rocks* (com gelo). Além desse sentido, *on the rocks* é uma expressão idiomática empregada na língua inglesa para se referir a uma situação ou relacionamento instável e que está em risco. Veja a frase contextualizada a seguir: *Their marriage has been on the rocks since Stella found out Roger cheated on her* (O casamento deles está instável desde que Stella descobriu que Roger a traiu).

OPEN BAR "Bar aberto" é a tradução literal de *open bar*. Uma referência ao bar em festas ou eventos (casamento, aniversário, etc.) onde as bebidas são servidas à vontade e gratuitamente. A expressão *open bar* também é empregada em casas noturnas e outros estabelecimentos para indicar que as bebidas são servidas livremente mediante o pagamento de uma taxa fixa ao entrar no local.

PUB ver **Siglas e abreviações** p. 150

SELF-SERVICE É o autosserviço ou autoatendimento, sistema adotado em restaurantes e outros estabelecimentos comerciais, onde o cliente serve a si próprio ou executa algum serviço normalmente feito por um funcionário. Anglicismo formado pelas palavras *self* (próprio, auto-) e *service* (serviço). Como dado cultural vale lembrar que a grande maioria dos postos de combustíveis nos Estados Unidos não dispõe de frentistas, ou seja, é *self-service*. É preciso primeiro pagar na loja de conveniência (*convenience store*) o valor que se deseja colocar de combustível e informar qual bomba será usada, para que o funcionário da loja de conveniência possa liberá-la para uso do motorista.

SHOT Dose de bebida alcoólica, servida em copo pequeno e normalmente ingerida em um único gole. Já é usual entre os brasileiros dizer "tomar ou beber um *shot*", conforme exemplificado na frase: "Eles tomaram um *shot* de tequila em um bar antes de seguirem para a festa". Dependendo do contexto, o substantivo *shot* (tiro, dose, injeção) em inglês pode ter vários significados. Confira os exemplos a seguir: *The witness said she heard two shots* (A testemunha disse que ouviu dois tiros). *Mike drank two shots of vodka last night* (Mike bebeu dois *shots* de vodka ontem à noite). *His arm is sore because he had a flu shot* (O braço dele está dolorido porque ele tomou injeção contra a gripe).

SMOOTHIE De *smooth* (suave, macio). Bebida não alcoólica, normalmente preparada a partir da mistura de frutas, mas também de legumes ou vegetais. O adjetivo *smooth* usado na formação do termo *smoothie* está associado à consistência cremosa dessa bebida, que pode conter ainda outros ingredientes como leite, iogurte, sorvete e leite condensado.

STEAKHOUSE Palavra formada a partir dos substantivos *steak* (bife) e *house* (casa), que remete à ideia de restaurante especializado em cortes de carne, também conhecido no Brasil como churrascaria.

SUNDAE Sobremesa típica americana preparada com sorvete coberto com calda (de chocolate, caramelo ou morango), frutas, chantili, nozes e castanhas moídas. A pronúncia de *sundae* é a mesma do dia da semana *Sunday* (domingo).

T-BONE De *T* (formato do osso) e *bone* (osso). Corte de carne bovina retirado da parte traseira do boi, também conhecido como bisteca. Consiste em um osso em formato de "T" com carne nos dois lados: contra filé (lado maior) e filé-mignon (lado menor). Nos países de língua inglesa se diz *T-bone* ou *T-bone steak*. Ex.: I'll have the T-bone steak please! (Vou querer a bisteca por favor!).

TENDER Prato tradicional das ceias natalinas brasileiras, o *tender* é um presunto preparado a partir do pernil de porco defumado. É um produto normalmente vendido desossado e pré-cozido. O nome *tender*, usado apenas no Brasil, vem do *slogan* (p. 105) *tender made*, que em tradução livre significa "feito com carinho". Esse *slogan* vinha impresso na embalagem do produto vendido no Brasil pelo frigorífico americano Wilson até a década de 1970. O *slogan* completo que aparecia na embalagem do produto comercializado no mercado americano dizia *tender made ham* (presunto feito com carinho). A dica de inglês fica por conta do substantivo *tenderness*, que significa "ternura", formado a partir do adjetivo *tender* (macio, tenro).

WAFER Biscoito doce, fino e leve, geralmente no formato retangular, com várias camadas e recheio de creme de baunilha, morango ou chocolate. Costuma ser utilizado na decoração de sorvetes e é um ótimo acompanhamento para bebidas quentes. Em inglês, *wafer* também significa "hóstia", um sinônimo de *host*. Ex.: *Mary opened her mouth and the priest placed the wafer on her tongue, saying "The body of Christ"* (Mary abriu a boca e o padre colocou a hóstia em sua língua, dizendo "O corpo de Cristo").

WAFFLE Massa doce, feita de farinha de trigo, leite, ovos, manteiga, açúcar e fermento. É prensada e assada em aparelho elétrico, o que a deixa com a textura quadriculada. O *waffle* é um prato comum no café da manhã dos americanos e é normalmente consumido com manteiga, mel, calda de chocolate ou geleia.

WRAP Do verbo *wrap* (embrulhar, envolver). Tipo de sanduíche em que o recheio é colocado sobre uma fina massa assada feita de farinha de trigo e outros ingredientes que depois é enrolada como se fosse um rocambole. Pode ser recheada com diversos ingredientes, como frango, carne, peru, atum, legumes, verduras e outros. É um lanche comum nos Estados Unidos e em outros países de língua inglesa e também já marca presença no Brasil. Veja a seguir uma frase contextualizada em inglês: *Barry had a turkey wrap for lunch* (Barry comeu um *wrap* de peru de almoço).

AUTOMÓVEIS E AUTOMOBILISMO

AIRBAG De *air* (ar) e *bag* (bolsa). Termo que passou a ser utilizado com frequência no Brasil a partir da década de 90, com a melhoria dos itens de segurança automotiva. Para proteger os ocupantes de um veículo, a "bolsa de ar" é automaticamente inflada em caso de colisões. Desde o início de 2014 o *airbag* frontal duplo é item de segurança obrigatório em todos os automóveis fabricados no Brasil. Hoje em dia podemos contar não apenas com *airbags* frontais, a primeira geração de *airbags*, mas também com os laterais, que ajudam a salvar muitas vidas.

BRAKE LIGHT De *brake* (freio, breque) e *light* (luz). É a "terceira luz de freio" em veículos, normalmente instalada na parte superior do vidro traseiro. O objetivo desse item obrigatório nos automóveis fabricados no Brasil é alertar com um maior grau de visibilidade o motorista que vem atrás, em caso de freadas bruscas. Na língua inglesa o termo *brake light* faz referência a qualquer uma das luzes vermelhas de freio na traseira de um veículo.

BUGGY Veículo aberto, com pneus largos, apropriado para terrenos arenosos e usado para o lazer, conforme exemplificado na frase: "Fizemos vários passeios de *buggy* pelas dunas e praias do Nordeste". A forma aportuguesada "bugue" ou a palavra "bugre" (nome também de uma empresa que fabrica *buggies*) são empregadas com o mesmo sentido de *buggy*.

COCKPIT É a cabine do piloto em um carro de corrida, avião, barco ou nave espacial. O anglicismo *cockpit* se popularizou no Brasil através do automobilismo, em especial com as corridas de Fórmula 1, em que o brasileiro Ayrton Senna protagonizou algumas das melhores disputas da categoria.

DRIVE-THROUGH/DRIVE-THRU ver **Curiosidades** p. 47

GRID Referência a "*grid* de largada", posição de largada dos pilotos em competições automobilísticas. Além desse significado, a palavra *grid* também é empregada na língua inglesa com o sentido de grade ou até rede elétrica.

GUARD-RAIL De *guard* (proteção) e *rail* (mureta, cerca, corrimão). Expressão usada no Brasil com o sentido de mureta de proteção em estradas e pistas de competições automobilísticas. O termo *guard-rail* tem um sentido mais amplo em inglês, podendo designar qualquer cerca ou barreira de proteção contra quedas acidentais em lugares perigosos, como por exemplo, uma ponte ou um penhasco. A forma sem hífen *guardrail* é mais comum na língua inglesa.

HATCHBACK/HATCH Formado pela junção das palavras *hatch* (portinhola, escotilha) e *back* (de trás, traseira), esse anglicismo refere-se ao automóvel que tem uma porta traseira integrada ao vidro e que é levemente inclinada. A porta é aberta para cima quando se quer acessar o porta-malas. A forma reduzida *hatch* também é empregada.

JIPE/JEEP ver **Marcas registradas** p. 95

KART Pequeno carro de corrida, sem carroceria, caixa de câmbio ou suspensão, usado em competições ou para lazer. Embora exista a forma aportuguesada "carte", a grafia *kart* ainda é bastante usual. Observe que na língua inglesa o termo mais frequentemente empregado é *go-kart*.

OFF-ROAD De *off* (fora) e *road* (estrada). Veículo (jipe, caminhonete, moto, quadriciclo) projetado com estrutura reforçada, com tração nas quatro rodas (no caso de automóveis) para andar em pistas de terra com lombadas, lama e buracos. A expressão *off-road* designa também a atividade esportiva ou de lazer praticada com esse tipo de veículo.

PADDOCK Anglicismo empregado no automobilismo e no turfe. Em um autódromo, o *paddock* é o local onde os carros de corrida ficam estacionados antes da prova. É uma área frequentada pelos pilotos, convidados e o pessoal das escuderias que fazem os últimos ajustes nos carros. Em um hipódromo, é o local onde ficam os cavalos que vão disputar os páreos, bem como os jóqueis e outras pessoas ligadas ao evento. A grafia aportuguesada "padoque" é menos usual.

PIT STOP De *pit* (*box*/boxe) e *stop* (parada). Parada rápida no *box*/boxe (p. 47) que os pilotos de carros de corrida fazem durante uma competição, para troca de pneus ou outros ajustes nos carros. Por extensão essa expressão também é usada de maneira figurativa para se referir a uma parada ao longo de um trajeto que é percorrido de carro, conforme exemplificado na frase: "Vamos fazer um *pit stop* para comer alguma coisa".

POLE POSITION Anglicismo empregado no automobilismo com o sentido de primeira posição no *grid* (p. 24) de largada, destinado ao piloto mais veloz nos treinos classificatórios. O termo *pole position* designa também o piloto que larga em primeiro lugar em corridas automobilísticas, conforme exemplificado na frase: "Ayrton Senna foi 65 vezes *pole position* em sua carreira de piloto de Fórmula 1". A forma abreviada *pole* também é usada: "O piloto conquistou a *pole* nos treinos de ontem".

RECALL ver **Mundo corporativo** p. 108

RENT-A-CAR Expressão associada a locadoras de veículos. Equivale em português a "alugue um carro". Em inglês *rent* funciona como substantivo ou verbo. Confira os exemplos: *Nick pays the rent on the 5th every month* (Nick paga o aluguel no dia 5 todos os meses). *They always rent a car when they travel to Florida* (Eles sempre alugam um carro quando viajam para a Flórida).

RPM ver **Siglas e abreviações** p. 150

SEDAN Termo que faz referência à carroceria de um automóvel. A carroceria de um *sedan*, carro também conhecido como "três volumes", apresenta três compartimentos distintos: o motor (frente do carro), duas fileiras de bancos e o compartimento traseiro (porta-malas). Diferentemente do modelo *hatchback* (p. 24), a tampa do porta-malas de um *sedan* não inclui o vidro traseiro. Apesar da palavra já ter sido aportuguesada para "sedã", a grafia original em inglês ainda é usual.

SUV ver **Siglas e abreviações** p. 150

TEST DRIVE De *test* (teste) e *drive* (dirigir). É o teste que o cliente de uma concessionária de automóveis faz com o carro que está interessado em comprar, para conferir se o veículo corresponde às suas expectativas de desempenho, dirigibilidade, conforto, etc. Por extensão, o anglicismo *test drive* também é às vezes usado para se referir ao teste ou avaliação de algum outro produto que não seja um carro. Em inglês *test drive* funciona também como verbo. Ex.: *Mr. Harrison wants to test drive the new BMW* (O Sr. Harrison quer fazer um *test drive* com o novo BMW). Além disso, a expressão *go for a test drive* é bastante usual. Ex.: *I wish I could go for a test drive in that convertible* (Gostaria de fazer um *test drive* naquele conversível).

TRAILER ver **Turismo e hotelaria** p. 209

VAN ver **Siglas e abreviações** p. 150

AVIAÇÃO

CHARTER A expressão "voo *charter*" (*charter flight*) é empregada no Brasil para se referir ao voo fretado, muito comum em viagens turísticas. O fretamento é normalmente feito por operadoras de turismo em parceria com empresas aéreas. Agora segue a dica para você que está lendo este livro para também melhorar o seu inglês: o substantivo *charter* significa "alvará, licença, estatuto". *Charter* também é empregado na língua inglesa como verbo, com o sentido de fretar, alugar. Ex.: *Nick and his buddies chartered a motorboat for the fishing trip* (Nick e os amigos fretaram uma lancha para a pescaria).

CHECKLIST ver **Diversos** p. 66

CHECK-IN Esse anglicismo descreve um procedimento que ocorre basicamente em dois ambientes: no aeroporto e no hotel. Fazemos o *check-in* no aeroporto quando apresentamos a passagem no balcão da companhia aérea, para que ela seja conferida, o cartão de embarque emitido e as malas despachadas. Já no hotel, o *check-in* equivale ao registro de um hóspede no início da hospedagem. Para você que estuda inglês, segue aqui uma dica: além de substantivo, *check-in* funciona também como verbo na língua inglesa, ex.: *We'd better get some sleep. We have to check in early at the airport tomorrow* (É melhor dormirmos um pouco. Precisamos fazer o *check-in* cedo amanhã no aeroporto).

COCKPIT ver **Automóveis e automobilismo** p. 23

DUTY-FREE SHOP/FREE SHOP ver **Turismo e hotelaria** p. 209

FINGER Termo familiar entre os aeroviários. O *finger* é uma espécie de túnel estreito e elevado que conecta a sala de embarque, em aeroportos, à porta do avião. É utilizado para embarque e desembarque de passageiros e da tripulação. O curioso é que na língua inglesa o termo *finger* (dedo) não é usual nesse contexto. Os americanos frequentemente utilizam a palavra *Jetway* (marca registrada), para se referir ao nosso *finger*. Outras opções são *jet bridge*, *airbridge* ou *PBB*, que é a sigla de *passenger boarding bridge* (ponte de embarque de passageiros).

FLAP Anglicismo que designa o componente móvel na parte traseira da asa de um avião. O *flap* é usado para alterar as características aerodinâmicas durante momentos do voo, como a decolagem e o pouso. A palavra *flap* em inglês significa "aba", e é justamente esse o contexto do termo usado na aviação: uma peça anexa à asa do avião que pode ser dobrada. A grafia aportuguesada "flape" é menos usual. Agora uma dica de inglês: *flap* também funciona como verbo na língua inglesa. Ex.: *The bird flapped its wings and flew away towards the mountains* (O pássaro bateu as asas e voou em direção às montanhas).

GALLEY Anglicismo familiar entre os comissários de voo (*flight attendants*). É a pequena "cozinha" localizada nas extremidades do avião, onde são armazenadas as comidas e bebidas que serão servidas durante o voo. Todos os equipamentos necessários para a realização de serviço de bordo, incluindo os *trolleys* (p. 31), ficam concentrados na *galley*.

HUB Termo usado em aviação para designar um aeroporto muito movimentado, onde são feitas muitas conexões de voos. Pode também se referir a um aeroporto que concentra um grande número de voos de uma determinada empresa aérea ou onde esta está sediada. Por extensão, o termo *hub* é empregado com o sentido de "centro de atividades". Confira os exemplos contextualizados a seguir: *Barcelona is a major tourist hub* (Barcelona é um importante centro turístico). *São Paulo is considered the financial hub of South America* (São Paulo é considerado o centro financeiro da América do Sul). Em linguagem de informática *hub* (conhecido também como "concentrador") é o dispositivo que interliga os computadores de uma rede e possibilita a transmissão de dados entre eles. Segue agora uma dica para você que quer melhorar também o seu inglês. Além dos significados apresentados, a palavra *hub* na língua inglesa faz referência à parte central de uma roda (cubo da roda). Outra palavra derivada de *hub* nesse contexto é *hubcap* (calota). Ex.: *There were hubcaps along the side of that winding road* (Havia calotas ao longo daquela estrada sinuosa).

JET LAG Expressão formada pelas palavras *jet* (avião a jato) e *lag* (atraso, defasagem). O anglicismo *jet lag* refere-se ao "cansaço, irritabilidade, sonolência ou insônia", resultantes de uma longa viagem de avião e consequentes mudanças de fuso horário.

JOYSTICK ver **Esportes, atividade física e lazer** p. 82

LOOPING Anglicismo empregado em aeronáutica com o sentido de "acrobacia aérea", quando um avião faz movimentos circulares em um plano vertical. Essa é uma manobra acrobática que os pilotos da famosa esquadrilha da fumaça (Esquadrão de Demonstração Aérea) costumam executar em suas apresentações. O substantivo *loop* em inglês significa "volta, laço, laçada". Já o verbo regular *loop/looped/looped* é empregado com o sentido de "amarrar, dar laços" ou "fazer acrobacia aérea". Ex.: *The pilots looped their planes together at the air show* (Os pilotos fizeram um *looping* em conjunto durante o show aéreo). Vale lembrar que o termo *looping* também descreve o movimento brusco e circular dos carrinhos de montanhas-russas nos parques de diversões.

LOW-COST As *low-cost* são, como ficaram conhecidas no Brasil, as companhias aéreas que oferecem tarifas abaixo da média de mercado. O termo *low-cost* é formado pelo adjetivo *low* (baixo) e o substantivo *cost* (custo). *Low-cost* é uma expressão adjetiva empregada em vários contextos na língua inglesa. Veja a seguir alguns exemplos: *low-cost hostel* (albergue de baixo custo), *low-cost labor* (mão de obra barata), *low-cost flights* (voos baratos), *low-cost airline company* (companhia aérea de baixo custo), *low-cost housing* (moradia acessível).

MAYDAY A expressão *mayday* é usada internacionalmente em radiotelefonia para indicar pedido de socorro, em casos de emergência na aviação ou marinha. *Mayday* é uma adaptação sonora em inglês do som produzido em francês por *m'aider*, que significa "ajude-me" ou "socorra-me". A expressão foi criada em 1923 por Frederick Mockford, um operador de rádio do então aeroporto de Croydon, no sul de Londres, desativado em 1959. A influência do idioma francês na criação desse termo tem a ver com o fato de que muitos voos operados nesse aeroporto tinham a França como origem ou destino, daí a ideia de usar uma expressão em francês com boa sonoridade em inglês e que pudesse ser facilmente compreendida por pessoas de várias nacionalidades. Segundo convenção internacional, em casos de emergência a palavra *mayday* deve ser pronunciada três vezes, para evitar confusão com outras palavras parecidas.

NONSTOP Anglicismo empregado na aviação. De *non* (prefixo que indica a ideia de negação, não) e *stop* (parada), transmitindo a ideia de "sem paradas, contínuo, sem interrupção". Um voo *nonstop* é um voo sem escalas, conforme exemplificado na frase: "Conseguiram um voo *nonstop* para Berlim". A grafia *non-stop* também é empregada.

NO-SHOW Expressão empregada por funcionários de companhias aéreas para se referir ao passageiro que não se apresenta para o embarque, apesar de ter feito reserva para um determinado voo. O termo *no-show*, formado pelas palavras *no* (não) e *show* (aparecer, comparecer), aplica-se também ao ramo hoteleiro, quando o hóspede com reserva confirmada deixa de comparecer ao hotel. Agora uma dica para você que também quer melhorar o seu inglês: a expressão *no-show* é usada de forma muito mais ampla na língua inglesa, podendo se referir a qualquer pessoa que não comparece a um lugar onde é aguardada, como uma festa ou um evento qualquer. Ex.: *Can you believe Freddy was a no-show to his own birthday party last night?* (Você acredita que o Freddy não apareceu à própria festa de aniversário ontem à noite?).

OVERBOOKING De *over* (mais que, além de, em excesso) e *booking* (reserva). O *overbooking* ocorre quando uma companhia aérea vende passagens em número superior à capacidade de assentos disponíveis no avião. As empresas aéreas às vezes recorrem a esse expediente com o objetivo de compensar a ausência de passageiros que eventualmente deixam de comparecer ao embarque, o chamado *no-show* (p. 30). A prática de *overbooking* também é usual na indústria hoteleira.

SLOT Horário predefinido e autorizado para pouso ou decolagem de um avião em um determinado aeroporto. A palavra *slot* em inglês pode ser traduzida por "fenda, brecha, abertura, vaga". Ex.: *Ingrid put a coin in the slot and pushed the button for hot chocolate* (Ingrid colocou uma moeda na fenda e apertou o botão para selecionar um chocolate quente). A expressão *slot machine*, formada pelas palavras *slot* e *machine* (máquina), significa caça-níqueis.

STAND-BY ver **Curiosidades** p. 47

TROLLEY Mais um anglicismo familiar entre os comissários de voo. O *trolley* é o "carrinho" onde são acondicionadas as refeições e bebidas que são servidas aos passageiros durante o serviço de bordo. Quando não estão sendo usados, os *trolleys* ficam acomodados na *galley* (p. 28).

UPGRADE ver **Tecnologia e mundo digital** p. 187

CASA E MOBILIÁRIO

CLEAN O adjetivo *clean* em inglês significa "limpo". Um anglicismo familiar entre os decoradores e arquitetos que empregam o termo *clean* para definir o estilo simples e despojado da decoração de um ambiente. Um ambiente *clean* exclui o excesso de ornamentos e enfeites e normalmente apresenta tons pastel.

CLOSET Pequeno quarto sem janelas anexo ao dormitório principal de uma casa ou apartamento, usado para guardar peças de vestuário, calçados e roupas de cama. Também chamado nos Estados Unidos de *walk-in closet*. O anglicismo *closet* é às vezes empregado como sinônimo de armário embutido.

COOKTOP Diferentemente do fogão convencional, o *cooktop* é um fogão de mesa (com apenas o tampo, sem o forno) instalado sobre uma bancada. É um eletrodoméstico funcional que costuma acrescentar um aspecto moderno à cozinha. De *cook* (cozinhar) e *top* (topo, parte de cima).

DECK Piso formado por tábuas paralelas (*deck* de madeira), comum no entorno de piscinas e outras áreas externas como jardins e varandas. Além disso, *deck* é sinônimo de convés, pavimento de bordo de um navio. Embora a forma aportuguesada "deque" seja uma opção, é usual ver essa palavra na grafia original em inglês. Segue agora uma dica: *deck* também significa baralho na língua inglesa. Ex.: *It's my turn to shuffle the deck* (É a minha vez de embaralhar as cartas).

DESIGN Forma, aspecto ou modelo de um produto (automóvel, edifício, etc.), levando em consideração a sua estética, projeto e funcionalidade, conforme exemplificado nas frases "*design* arrojado", "*design* futurista". A palavra *design* também é empregada como verbo na língua inglesa, com o sentido de projetar, criar ou planejar. Ex.: *A team of architects designed the city's new sports center* (Uma equipe de arquitetos projetou o novo centro esportivo da cidade).

DRYWALL De *dry* (seco) e *wall* (parede). Placa de gesso acartonado muito usada na construção civil, para divisão de ambientes internos, forros, prateleiras e nichos. É assim chamada (parede seca) por não haver a necessidade do uso de água para a sua montagem. O sistema *drywall* é muito utilizado nos Estados Unidos e vem ganhando cada vez mais espaço também no Brasil.

FLAT O adjetivo *flat* em inglês significa "plano". Já o substantivo significa "apartamento", especialmente em inglês britânico. O anglicismo *flat* é empregado no Brasil com o sentido de "apart-hotel", ou seja, inclui serviços de camareira, lavanderia e outros, e é normalmente alugado por temporadas e já mobiliado. Esse conceito de *flat* com serviços é conhecido no Reino Unido por *service flat*. Além disso, *flat* é uma palavra usada informalmente pelos surfistas para se referir à falta de ondas: "O mar está *flat* hoje". O uso de *flat* nesse contexto está ligado ao adjetivo, ou seja, "plano, sem ondulações".

FREEZER Palavra formada da junção do verbo *freeze* (congelar) com o sufixo *er*, usado na língua inglesa para transformar um verbo em substantivo, transmitindo assim a ideia de "congelador". O anglicismo *freezer* é usado tanto para se referir ao eletrodoméstico, quanto ao compartimento de uma geladeira destinado a fabricar gelo ou guardar alimentos congelados.

FROST FREE ver **Diversos** p. 66

HALL Anglicismo empregado para se referir ao "*hall* de entrada" de uma casa ou prédio ou "*hall* de elevador", espaço que dá acesso ao elevador. *Hall* também é sinônimo de saguão, salão amplo situado na entrada de um prédio, hotel, etc. A palavra *hall* é empregada ainda em outros contextos na língua inglesa, podendo significar corredor, salão para eventos ou até auditório.

Confira as frases contextualizadas a seguir: *The bathroom is at the end of the hall* (O banheiro fica no final do corredor). *They rented a hall for the wedding reception* (Eles alugaram um salão para a festa de casamento).

HOME THEATER Termo formado pelas palavras *home* (casa, lar) e *theater* (cinema, abreviação de *movie theater*). Em tradução livre significa "cinema em casa", uma espécie de sala de cinema montada em ambiente doméstico. Um sistema de *home theater* normalmente inclui uma tela de projeção ou televisão de alta definição, aparelho de *DVD* (p. 153) ou *Blu-ray* (p. 188) e um conjunto de alto-falantes potentes posicionados estrategicamente para causar o efeito *surround sound* (som por todos os lados). A qualidade do áudio é o grande diferencial proporcionado por um sistema de *home theater*.

KING SIZE De *king* (rei) e *size* (tamanho). Expressão empregada em inglês para definir o tamanho de algo que é maior ou mais comprido do que o usual. *King size* é um anglicismo frequentemente usado no Brasil para se referir a camas. Uma cama de casal *king size* tem normalmente 203 cm de comprimento e 193 cm de largura, sendo consideravelmente maior do que a cama padrão de casal. Essa expressão é grafada com hífen na língua inglesa (*king-size*) e há também a forma variante *king-sized*. Ex.: *All our rooms are equipped with king-size beds and minibars* (Todos os nossos quartos são equipados com camas *king size* e frigobar).

LAYOUT O anglicismo *layout* refere-se à disposição de equipamentos, mobília, máquinas ou outros elementos em um determinado espaço físico. Um *layout* bem planejado pode melhorar a funcionalidade do ambiente e assim ter um efeito positivo na produtividade de uma empresa. *Layout* é um termo também utilizado em publicidade e no âmbito editorial, com o sentido de esboço de projeto gráfico a ser aprovado. Um *layout* publicitário ou editorial contém elementos como a diagramação, ilustrações e fontes utilizadas. Tanto a forma aportuguesada "leiaute" como a grafia original em inglês são usuais no Brasil.

LIVING Anglicismo empregado no Brasil como sinônimo de "sala de estar", uma abreviação do original *living room*. O termo *living* é bastante usual em panfletos de divulgação de lançamentos imobiliários (amplo *living, living* com pé-direito alto). Observe nos exemplos contextualizados a seguir que, em inglês a palavra *living* sozinha é empregada com outro sentido: *He's a living legend in music* (Ele é uma lenda viva da música). *Barry earns a modest living as a cabbie* (Barry ganha um sustento modesto como motorista de táxi).

LOBBY ver **Curiosidades** p. 47

LOFT Apartamento com pé-direito alto com um único espaço amplo e comum (sem divisórias), que permite ao morador adequar ao seu gosto e necessidades. O conceito de *loft* ganhou impulso a partir da conversão para uso residencial de antigos galpões e armazéns industriais em Nova York, no final da década de 1960. Por terem sido primeiramente habitados por um público alternativo, composto por artistas e profissionais liberais, o *loft* ganhou a aura de ambiente descolado, e logo esse conceito arquitetônico passou a ser também reproduzido em vários outros locais.

LOUNGE Anglicismo empregado com o sentido de "sala de espera ou de estar", um espaço confortável que pode ser encontrado em aeroportos, hotéis, teatros e outros locais, onde as pessoas podem esperar ou relaxar.

PLAYGROUND O mesmo que "parquinho infantil". Área equipada com brinquedos (balanço, escorregador, gangorra e outros), normalmente ao ar livre, destinada à recreação infantil. Termo formado da junção do verbo *play* (brincar, jogar) com o substantivo *ground* (área, terreno, solo).

RACK Móvel com prateleiras normalmente usado para colocar aparelhos eletroeletrônicos, como televisão, *DVD* (p. 153) e outros. O anglicismo *rack* também designa o suporte preso à capota de automóveis, usado para o transporte de pranchas de surfe, malas e outros objetos.

RETROFIT De *retro* (retro) e *fit* (ajustar, adequar). Termo empregado nos segmentos de engenharia, arquitetura e urbanismo. O conceito de *retrofit* está ligado à renovação e modernização de edifícios e outros imóveis, incluindo também a revitalização e readequação de parques e espaços públicos. Um projeto de *retrofit* prevê a substituição das instalações elétricas e hidráulicas antigas de um imóvel por instalações modernas e com tecnologia atual. A fachada também é modernizada e revitalizada fazendo surgir um imóvel que poderá ter finalidade diferente da que possuía anteriormente. O anglicismo *retrofit* fez surgir o neologismo "retrofitar", termo às vezes utilizado por arquitetos, urbanistas e engenheiros. Veja a seguir um exemplo do verbo *retrofit* na língua inglesa: *The factory has been retrofitted to meet the new safety regulations* (A fábrica foi modernizada para contemplar os novos regulamentos de segurança).

ROOFTOP De *roof* (telhado, teto) e *top* (topo). Terraço ao ar livre, no topo de um edifício, normalmente destinado ao lazer, como é o caso em alguns prédios residenciais. O anglicismo *rooftop* tem sido empregado com maior frequência no Brasil, já que uma nova tendência para as noites quentes de verão são os bares e baladas em *rooftops*, locais bastante ventilados e de onde é possível ter uma vista panorâmica da cidade.

SPRINKLER ver **Diversos** p. 66

STUDIO Anglicismo bastante empregado no setor imobiliário, apesar da existência da forma aportuguesada "estúdio". Um *studio* é basicamente um apartamento compacto sem paredes ou divisórias, com exceção do banheiro, e em alguns casos, do dormitório. A forma aportuguesada estúdio é mais usual no contexto de estúdio de rádio ou televisão ou para se referir ao espaço físico destinado a atividades artísticas, como aulas de dança, balé ou teatro. Além disso, a palavra estúdio é sinônima de ateliê, espaço onde um artista ou profissional trabalha.

WC ver **Siglas e abreviações** p. 150

CINEMA, TELEVISÃO, TEATRO E ESPETÁCULOS

BIG BROTHER Programa de *reality show* (p. 41) em que os participantes ficam confinados em uma casa sem contato com o mundo exterior. Importado pela TV Globo da produtora holandesa Endemol, esse *reality show* conta com versões veiculadas em vários países. O nome do programa é uma alusão à onipresença do homem austero conhecido como *Big Brother*, retratado no livro de nome *1984*, do escritor George Orwell. No universo opressor criado por Orwell nesse livro (publicado em 1949), a figura de *Big Brother* está em cartazes e telas por todos os cantos, inclusive nas casas dos cidadãos. *Big Brother* simboliza o sistema totalitário que vigia todas as pessoas o tempo todo: ninguém escapa à vigilância do "Grande Irmão". Essa ideia de vigilância contínua também é a tônica do programa BBB (Big Brother Brasil): os telespectadores podem acompanhar 24 horas o comportamento dos participantes desse *reality show*.

BLOCKBUSTER De *block* (quarteirão) e *buster* (destruidor). Em tradução livre significa "arrasa quarteirão", termo empregado para se referir às bombas com alto poder de destruição, lançadas durante a Segunda Guerra Mundial (1939-1945). Com o tempo, a palavra *blockbuster* assumiu outra conotação, sendo hoje em dia muito usada para descrever um filme de grande sucesso comercial.

BROADWAY Nome de uma famosa avenida na cidade de Nova York, a *Broadway* corta o distrito de *Manhattan* de norte a sul e atravessa a *Times Square* (p. 80), outro ponto turístico muito popular em Nova York. O chamado "circuito *Broadway*" (via *Broadway* e ruas transversais próximas a *Times Square*) é conhecido por abrigar um grande número de teatros, com capacidade para aproximadamente 500 pessoas cada, onde são encenadas superproduções musicais, como é o caso de *Aladdin* (Aladim) e *Lion King* (O Rei Leão), em cartaz há muitos anos. O nome *Broadway* é formado pelas palavras *broad* (largo, extenso, abrangente) e *way* (caminho, via).

CAMERAMAN ver **Ocupações e atividades** p. 138

CARTOON O anglicismo *cartoon* é empregado no Brasil com três significados: 1) Desenho que retrata comportamentos humanos de forma satírica ou engraçada, publicado em jornais, revistas e mídia digital. São geralmente compostos de três ou quatro quadros, com ou sem legenda, também chamados de "tirinha" (em inglês *comic strip*). 2) História em quadrinhos, conhecida pela sigla HQ. 3) Desenho animado, como a Pantera Cor-de-Rosa (*The Pink Panther*), Os Flintstones, Scooby-Doo, Manda-Chuva (*Top Cat*), Tom e Jerry, Corrida Maluca (*Wacky Races*) e tantos outros. A forma aportuguesada cartum também é usada.

CASTING Anglicismo usual em cinema, teatro e televisão. Refere-se à seleção do "elenco" (atores, músicos, bailarinos e outros profissionais) para atuar em um filme, peça teatral ou outra produção artística. A expressão *cast of characters*, usual na língua inglesa, equivale a "elenco de personagens".

CLIP Anglicismo empregado no Brasil em dois contextos distintos: como abreviação de *video clip*, o vídeo de curta duração produzido para promover o trabalho de um artista, e com o significado de pequena peça de metal ou plástico usada para prender folhas de papel (*paper clip*, em inglês). As formas aportuguesadas "clipe" e "videoclipe" também são usuais. *Clip* (cortar, aparar) também funciona como verbo na língua inglesa. Ex.: *How often do you clip your nails?* (Com que frequência você corta as unhas?). Ainda nesse contexto temos a palavra *nail clippers* (cortador de unhas).

CLOSE Abreviação de *close-up*. Expressão usada em cinema, televisão e fotografia com o sentido de tomada de câmera, feita a pequena distância, destacando em primeiro plano um detalhe, conforme exemplificado na frase: “Dá um *close* no rosto dela”. Essa expressão não é abreviada nos países de língua inglesa, usa-se *close-up*.

CLOSED CAPTION De *closed* (fechada) e *caption* (legenda). Também conhecida no Brasil como “legenda oculta”, que pode ser acionada em televisores que têm essa função. A *closed caption* possibilita ao telespectador com deficiência auditiva fazer a leitura do que é dito por apresentadores ou atores de um filme ou programa. Diferentemente das legendas comuns (*subtitles*), usadas em transmissões de filmes e programas em língua estrangeira, a legenda oculta inclui a descrição de ruídos como palmas, trovoada, choro, vaias, latido de cachorros e outros, de tal forma que o deficiente auditivo possa acompanhar o programa com um maior grau de realidade. É um recurso também utilizado em ambientes que exigem silêncio, como consultórios médicos, hospitais e aeroportos, onde a imagem da TV é transmitida sem som, mas com legendas.

CULT Anglicismo empregado para se referir a um filme venerado pelos fãs como se fosse um “culto”, significado da palavra *cult* em inglês. O termo *cult* descreve artistas, obras literárias, filmes e diretores de cinema que são cultuados no meio artístico e intelectual. Segue agora um exemplo contextualizado em inglês: *A Clockwork Orange and Pulp Fiction are cult movies* (Laranja Mecânica e Pulp Fiction são filmes *cult*). *Cult* define ainda um estilo alternativo, que foge aos padrões usuais. Ver também *underground* p. 186.

ENTERTAINER ver **Ocupações e atividades** p. 138

FLASH Anglicismo empregado no Brasil com os seguintes significados: 1) Clarão momentâneo e de grande luminosidade, que permite tirar fotografias em ambientes pouco iluminados. 2) Cena curta e muito rápida. 3) Notícia importante, transmitida de forma breve e que geralmente interrompe a programação normal de uma emissora de rádio ou televisão.

FLASHBACK ver **Música** p. 131

GAG "Piada ou situação cômica inesperada" inserida na fala ou encenação de um ator. Além de piada, o substantivo *gag* em inglês significa "mordaça". Como verbo é empregado com o sentido de "amordaçar". Ex.: *They tied up and gagged the hostages* (Eles prenderam e amordaçaram os reféns).

HAPPENING Em tradução literal significa "acontecimento". Anglicismo empregado com o sentido de *performance* (p. 76) artística envolvendo dança, canto, artes visuais ou cênicas. O termo *happening* também é empregado para se referir a qualquer evento coletivo importante, como noite de autógrafos de lançamento de um livro, um desfile de moda, uma festa de casamento ou aniversário.

HAPPY END De *happy* (feliz) e *end* (fim, final). Anglicismo empregado como sinônimo de "final feliz", no cinema, teatro, literatura e por extensão na vida real. Observe que em inglês a forma empregada é *happy ending.* Confira o exemplo contextualizado a seguir: *Most people love happy ending stories* (A maioria das pessoas adora histórias com final feliz).

HIT ver **Música** p. 131

INDIE ver **Siglas e abreviações** p. 150

LINE-UP Lista com os nomes das bandas, cantores ou artistas que vão participar de um *show* (p. 42), festival ou outro evento, conforme exemplificado na frase: "A organização do festival divulgou o *line-up* completo das bandas que vão se apresentar". Anglicismo empregado como sinônimo de "escalação". A grafia *lineup* (sem hífen) também é usada.

MAKING OF Expressão formada a partir do verbo *make* (fazer, construir, fabricar) e a preposição *of* (de). Em tradução livre significa "criação ou produção de algo". *Making of* é um anglicismo usado para se referir a uma espécie de documentário que mostra os bastidores e curiosidades da realização de um filme, série de TV, *clip* (p. 38), telenovela ou outra atração. Frequentemente inclui entrevistas com os atores, diretores, produtores, bem como cenas que foram cortadas e outros detalhes a respeito da produção de um programa.

NIGHTCLUB De *night* (noite, noturno) e *club* (clube). Boate ou casa noturna onde normalmente há restaurante, pista de dança e onde acontecem *shows* (p. 42) musicais.

PARTNER "Par de dança ou parceiro" em atividade conjunta que envolve uma dupla. Além desses significados, *partner* é uma palavra frequentemente empregada na língua inglesa com o sentido de "sócio". Ex.: *Gregory and Catherine are partners in a law firm* (Gregory e Catherine são sócios em um escritório de advocacia).

PEEP SHOW De *peep* (espiar) e *show* (show, filme, espetáculo). Filme pornográfico curto ou *performance* (p. 76) erótica ao vivo que uma pessoa paga para ver sozinha em uma cabine, através de um vidro ou por uma fenda na parede. A forma *peepshow* (uma só palavra) também é usual na língua inglesa.

PERFORMER ver **Ocupações e atividades** p. 138

POCKET SHOW ver **Pseudoanglicismos** p. 145

QUIZ Teste informal e breve sobre conhecimentos gerais ou tema específico. O anglicismo *quiz* é empregado no contexto escolar, mas também é o jogo de perguntas e respostas em programas de rádio e televisão, conhecido nos países de língua inglesa como *quiz show*. Veja um exemplo contextualizado em inglês: *Our teacher gave us a quiz on what we have been learning recently* (Nosso professor aplicou uma prova rápida sobre o que aprendemos recentemente).

REALITY SHOW De *reality* (realidade) e *show* (show, programa, espetáculo). Programa de televisão baseado na vida real de pessoas comuns, ou em alguns casos até mesmo celebridades. Um formato recorrente de *reality show* é o popular *Big Brother* (p. 37), programa presente em vários países e de muito sucesso no Brasil. Nesse *reality show* os participantes são confinados em uma casa onde são filmados 24 horas por dia, de tal forma que os telespectadores possam acompanhar a qualquer momento todas suas ações e como reagem às provas e desafios aos quais são submetidos. A forma abreviada *reality* desse anglicismo também é às vezes empregada.

REMAKE Expressão formada da junção do prefixo *re* (de novo, novamente) com o verbo *make* (fazer). Anglicismo empregado para se referir à nova versão de um filme ou programa de televisão, ou seja, a refilmagem de um grande sucesso do passado.

REPLAY "Reprise" de um lance de evento esportivo ou cena de programa de televisão, durante transmissão ao vivo. Por extensão, o anglicismo *replay* também é empregado de forma figurada, para se referir à "repetição" de algo dito ou feito anteriormente. Termo formado da junção do prefixo *re* (de novo, novamente) com o verbo *play* (tocar, reproduzir).

SCRIPT "Roteiro" de filme, programa de TV ou rádio, com as falas, informações sobre as cenas, áudio e outros dados relevantes. O anglicismo *script* também é usado para se referir ao roteiro de uma apresentação (palestra, seminário, discurso, etc.) com a sequência dos tópicos a serem tratados e conteúdo a ser abordado.

SET Também conhecido como "*set* de filmagem". Local com cenários onde um filme ou programa de televisão é filmado. O termo *set* também é empregado em jogos de voleibol e tênis com o sentido de uma "etapa ou subdivisão" de uma partida, conforme exemplificado na frase: "As brasileiras demonstraram um excelente desempenho vencendo o jogo no terceiro *set*".

SEX SYMBOL De *sex* (sexo, sexual) e *symbol* (símbolo). Pessoa famosa considerada símbolo de sensualidade ou sexualidade. Alguns dos *sex symbols* internacionais de todos os tempos são Marylin Monroe, James Dean, Sophia Loren, Richard Gere, Brigitte Bardot, Elvis Presley, Elizabeth Taylor, George Clooney e Angelina Jolie, entre outros.

SHOW "Espetáculo" musical, artístico ou humorístico, apresentado em televisão, teatro, *nightclubs* (p. 41) ou ao ar livre. O anglicismo *show* também é usado no Brasil com o sentido de "muito bom ou ótimo": "O apartamento ficou *show* depois da reforma"; e na expressão "*show* de bola", com o mesmo sentido positivo: "A festa foi *show* de bola". Além disso, há a expressão "dar um *show*", que pode ter dois significados, uma ótima atuação ou desempenho: "O candidato à presidência deu um *show* durante o debate"; ou fazer escândalo: "Crianças mimadas dão um *show* quando são contrariadas". Por último, mas não menos importante, uma dica de inglês: a palavra *concert* é normalmente empregada para se referir a um *show* musical ao vivo na língua inglesa. Ex.: *Denzel and his friends went to a rock concert last night* (Denzel e os amigos foram a um show de rock ontem à noite).

SHOW BUSINESS Indústria do entretenimento voltada para o mundo dos espetáculos. Abrange teatro, cinema, televisão, rádio, variados tipos de *shows* (p. 42) e apresentações circenses. Empresários, produtores artísticos e culturais, atores, músicos, compositores e apresentadores são algumas das figuras que atuam no *show business*. A forma abreviada *showbiz* também é usual. De *show* (espetáculo, show) e *business* (negócio).

SHOWMAN ver **Ocupações e atividades** p. 138

SITCOM ver **Siglas e abreviações** p. 150

SKETCH "Peça ou cena de curta duração", geralmente cômica e com poucos atores. Além desse significado, *sketch* é empregado em inglês com o sentido de "rascunho ou esboço", funcionando também como verbo (rascunhar). Outro termo formado a partir do substantivo *sketch* é *sketchbook* (caderno de rascunho). Confira o exemplo contextualizado a seguir: *A sketch of the suspect's face helped the police track down the murderer* (Um esboço do rosto do suspeito ajudou a polícia a localizar o assassino). A forma aportuguesada "esquete" é igualmente empregada.

SLOW MOTION De *slow* (lento, devagar) e *motion* (movimento). "Câmera lenta" é um efeito especial usado em cinema e televisão, em que determinada cena de um filme ou programa é reproduzida de forma mais lenta do que o normal. Um recurso empregado para dar destaque à cena ou criar tensão.

SPIN-OFF ver **Mundo corporativo** p. 108

SPOILER Expressão formada da junção do verbo *spoil* (estragar, arruinar) com o sufixo *er*, que em inglês transforma um verbo em substantivo. Em tradução livre significa "estraga surpresa". Refere-se à informação exposta por uma pessoa que revela algo importante na história de um filme ou livro, anulando assim o fator surpresa para alguém que ainda não o viu ou não o leu. Fica aqui então uma dica: quando estiver conversando com amigos sobre um filme ou um livro evite "dar *spoiler*" para não estragar o prazer do seu interlocutor de descobrir o que acontece por si próprio. No contexto automotivo *spoiler* é a peça instalada abaixo do para-choque dianteiro ou traseiro, empregada para melhorar a estabilidade e aderência de veículos ao solo e também com finalidade estética.

STAND-UP Do inglês *stand-up comedy* (comédia de *stand-up*). Espetáculo humorístico em que o comediante conta situações do cotidiano e fala sobre temas atuais de forma engraçada. O nome do espetáculo está relacionado ao *phrasal verb* (verbo frasal) *stand up* (ficar em pé, levantar-se), que faz referência ao fato do comediante se apresentar em pé.

STORYBOARD De *story* (história) e *board* (quadro, painel). Anglicismo empregado em cinema, televisão e publicidade com o sentido de série de desenhos ou imagens que mostram a sequência cronológica de cenas planejadas para um filme, programa ou anúncio de TV e de mídia impressa e digital.

STRIPPER ver **Ocupações e atividades** p. 138

STRIPTEASE De *strip* (despir, desnudar, tirar a roupa) e *tease* (provocar, seduzir). *Show* (p. 42) em que uma mulher ou homem se despe lentamente, de forma erótica e sensual, ao som de música e diante de uma plateia. O anglicismo *striptease* também faz referência a qualquer ato de desnudamento público, como os que às vezes ocorrem em manifestações, como forma de protesto.

SUPERSTAR De *super* (super) e *star* (estrela). Artista (ator, atriz, cantor, cantora, etc.) famoso, normalmente muito requisitado e fotografado nos eventos em que comparece.

TAKE Filmagem ininterrupta de uma cena ou trecho de filme. O mesmo que "tomada" em jargão de cinema e televisão, conforme exemplificado na frase: "Foi necessário quatro *takes* para o diretor ficar satisfeito com a cena e finalmente aprová-la". O anglicismo *take* também faz referência à gravação de uma faixa musical em estúdio. Em inglês, *take* é usado como verbo (pegar, levar, tomar) ou substantivo (tomada, lucro, ganho, opinião). Confira o exemplo a seguir: *What's your take on the current crisis?* (Qual é a sua opinião sobre a crise atual?).

TALK SHOW Programa de televisão, rádio ou internet em que o apresentador conversa com um ou mais convidados, normalmente pessoas conhecidas, a respeito de suas carreiras, vidas, algum assunto relevante do momento, etc. Expressão formada pelo verbo *talk* (conversar) e o substantivo *show* (programa, *show*).

TELEPROMPTER Também conhecido como "teleponto". Aparelho eletrônico que acoplado a uma câmera exibe o texto a ser lido pelo apresentador de um programa de TV, telejornal, etc. Anglicismo formado da junção das palavras *tele* (tele) e *prompter* (ponto).

THRILLER Anglicismo empregado para se referir a um filme, livro ou peça teatral de suspense. O termo *thriller* é formado da junção do verbo *thrill* (emocionar, arrepiar) com o sufixo *er*, que na língua inglesa transforma um verbo em substantivo, sugerindo "algo que provoca emoções fortes".

TRASH Em tradução literal *trash* significa "lixo". Anglicismo empregado no Brasil para referir-se a um filme ou programa de televisão de má qualidade. Um filme *trash* é tipicamente um filme de terror de baixo orçamento que, ao invés de assustar, acaba arrancando risos de quem o assiste, devido às cenas exageradas e inverossímeis. Vale lembrar que muitos filmes *trash* são propositadamente feitos dessa forma, já que há um público fiel para esse tipo de filme.

VIDEOTAPE De *video* (vídeo) e *tape* (fita). Gravação de imagem e áudio de um programa em fita magnética ou digital para reprodução posterior. O anglicismo *videotape* pode também se referir a essa fita magnética usada para gravação. *Tape* é a forma abreviada de *videotape*. Embora as grafias aportuguesadas "videoteipe" e "teipe" sejam também usadas, é comum ver as grafias originais na mídia impressa e digital: "Assistiu ao *videotape/tape* do jogo e se divertiu".

WESTERN Gênero de filme que retrata a época em que os pioneiros e *cowboys* (p. 139) desbravaram o oeste americano, durante a expansão dos Estados Unidos no século XIX. O cinema *western* também é conhecido como faroeste, de *far west*, "extremo oeste" ou "bangue-bangue", de *bang-bang*, forma onomatopeica que reproduz o som de tiros. Alguns atores que ajudaram a consagrar esse gênero cinematográfico foram John Wayne, Ronald Reagan (presidente dos EUA, de 1981 a 1989) e Clint Eastwood. *Western* funciona também como adjetivo na língua inglesa (do oeste, ocidental). Veja o exemplo contextualizado a seguir: *Most western countries have come together against Russia's invasion of Ukraine* (A maioria dos países ocidentais se uniu contra a invasão da Ucrânia pela Rússia).

ZAPPING "Mudança contínua e rápida" de um canal de televisão para outro com o controle remoto, normalmente para procurar um programa mais interessante ou evitar os comerciais. O termo *zapping* tem origem no verbo *zap*, que entre outros significados é empregado na língua inglesa com o sentido de mudar constantemente de canal de TV. Ex.: *Teddy was lying on the sofa in front of the TV, zapping from channel to channel* (Teddy estava deitado no sofá em frente à TV, trocando de canais com o controle remoto). É oportuno lembrar o neologismo "zapear", empregado com o mesmo sentido.

ZOOM "Enquadramento". Ato de aproximar ou afastar a imagem, feito por meio da lente ou lentes de uma câmera. O anglicismo *zoom* também faz referência ao efeito de ampliação ou redução de imagens na tela de um computador. O *phrasal verb* (verbo frasal) *zoom in* é usado na língua inglesa com o sentido de "aumentar o *zoom*", ampliando a imagem. Ex.: *Can you zoom in on his face please?* (Você pode dar um *close* no rosto dele, por favor?). A forma aportuguesada "zum" é pouco usual.

CURIOSIDADES

BAD TRIP De *bad* (ruim) e *trip* (viagem). Experiência desagradável ou assustadora desencadeada pelo uso de uma droga alucinógena, como o LSD, ou até mesmo a maconha: "Teve uma *bad trip* por causa do ácido que tomou".

BIG BANG As duas palavras que compõem essa expressão ajudam a entender o seu significado: *big* (grande) e *bang* (estrondo), "grande estrondo ou grande explosão". Com efeito, *big bang* é o termo usado para se referir à teoria da explosão cósmica que teria dado origem ao universo.

BIG BROTHER ver **Cinema, televisão, teatro e espetáculos** p. 37

BLACKOUT Ausência total de luz provocada pela interrupção do fornecimento de energia elétrica. O mesmo que "apagão", termo mais informal. *Blackout* também é usado com o sentido de perda momentânea de visão ou consciência, e no contexto militar, para se referir à ação de apagar as luzes e deixar tudo escuro, uma medida de segurança para se defender de um ataque aéreo noturno. Além disso, o anglicismo *blackout* vem mais recentemente sido empregado no Brasil como sinônimo de "cortina corta luz", usada para impedir a entrada de luminosidade em ambientes. A grafia aportuguesada "blecaute" também é empregada.

BOX Embora alguns gramáticos afirmem que a única grafia correta dessa palavra seja boxe (forma aportuguesada de *box*), é fácil encontrá-la na grafia original em inglês em textos de revistas e jornais brasileiros. Independentemente de como seja escrita, trata-se de uma palavra bastante versátil. Usamos a palavra *box*/boxe com o sentido de compartimento reservado para o chuveiro em um banheiro. Os falantes nativos de inglês diriam nesse caso *shower cubicle, shower enclosure* ou *shower stall.* Outro uso comum de *box*/boxe entre nós brasileiros está associado ao local em um autódromo onde as escuderias dão apoio técnico aos pilotos e seus carros durante uma corrida automobilística. Em inglês diz-se *pits.* Ex.: *In lap 56, the race car driver stopped at the pits to change a tire* (Na volta 56, o piloto parou no *box* para trocar um pneu).

O termo *box*/boxe também é usado no Brasil para designar a área demarcada para o conserto de um veículo em uma oficina mecânica. Nesse contexto diríamos em inglês *repair bay* ou *service bay.* A palavra *box*/boxe é ainda empregada como sinônimo de banca ou barraca, o espaço individual ocupado por comerciantes em um mercado ou centro comercial. A palavra indicada em inglês nesse caso é *stall.* Ex.: *I bought some apples at the fruit stall* (Comprei algumas maçãs no *box* das frutas). O trecho de texto destacado em um quadro, com cor e/ou fonte diferenciada, em revistas, livros e jornais também é chamado de *box*/boxe em português, e *box* em inglês. Além disso, *box/boxe* é sinônimo de pugilismo, que em inglês se diz *boxing,* esporte que consagrou os boxeadores brasileiros Éder Jofre, Maguila e Popó. E por último, mas não menos importante, vale lembrar que o significado mais usual da palavra *box* (plural *boxes*) na língua inglesa é "caixa". Ex.: *Can you help me move those boxes into the moving truck?* (Você pode me ajudar a levar aquelas caixas para o caminhão de mudanças?).

BREAK O mesmo que "pausa, intervalo ou interrupção". Frases como: "Vamos fazer um *break* para relaxar" ou "Após o *break* retomaremos o assunto" já são comuns em nosso dia a dia. Em inglês *break* funciona também como verbo (quebrar). Aliás, você já atentou ao fato de que a palavra *breakfast* (café da manhã) é formada a partir dos vocábulos *break* (quebra, interrupção) e *fast* (jejum)? *Breakfast* significa literalmente a interrupção do jejum, ou seja, o "desjejum". Além disso, o anglicismo *break,* ou *breakdance,* faz referência a um estilo de dança de rua caracterizado por movimentos bruscos e acrobáticos, frequentemente executado ao som de música *rap* (p. 135), conhecido nos países de língua inglesa como *break dancing.*

BREXIT Termo formado a partir da fusão das palavras *Britain* (Grã-Bretanha) ou *British* (Britânico) e *exit* (saída), sugerindo algo como "saída da Grã-Bretanha" ou "saída Britânica". *Brexit* é como ficou conhecido o polêmico processo em que o Reino Unido deixou de ser membro da União Europeia, em 31 de janeiro de 2020. Como dica cultural, vale lembrar que a rigor o termo Grã-Bretanha faz referência à Inglaterra, Escócia e País de Gales, ao passo que o Reino Unido inclui também a Irlanda do Norte.

BUG DO MILÊNIO A expressão "*bug* do milênio", surgida no final da década de 1990, referia-se aos transtornos que supostamente ocorreriam a partir dos programas de computadores mais antigos, cujas datas eram representadas pelos dois últimos dígitos apenas. Com a mudança do calendário de 1999 para 2000, alguns sistemas computacionais reconheceriam o ano 2000 como sendo o ano 1900, o que poderia gerar uma série de problemas. Algumas pessoas acreditavam que os equipamentos eletrônicos e sistemas informatizados poderiam parar de funcionar, causando um grande impacto negativo à sociedade. Apesar da onda de pânico, o *bug do milênio* trouxe poucas consequências, já que a maioria dos computadores estava preparada para o cenário previsto. Quem acabou lucrando com essa situação foram as empresas de informática, muito requisitadas na época e que aproveitaram o momento para vender soluções para o suposto problema.

BUNKER Abrigo fortificado subterrâneo, construído para resistir a bombas e outros projéteis.

COOPER ver **Pseudoanglicismos** p. 145

COPIDESQUE Forma aportuguesada de *copy desk*, expressão empregada em inglês para se referir à mesa (*desk*) na qual uma matéria jornalística é editada e preparada para publicação. A palavra copidesque é empregada no Brasil com o sentido de revisão de texto para publicação: "Quem fez o copidesque daquele artigo?"; ou para se referir ao profissional que corrige e melhora a forma e o conteúdo de textos jornalísticos, literários e outros: "Ele trabalha como copidesque em um grande jornal carioca". Os termos equivalentes a copidesque na língua inglesa são *copy editing* (a revisão) ou *copy editor* (o profissional).

COVID-19 Abreviação de *coronavirus disease* 2019, em tradução livre "doença (*disease*) causada pelo vírus corona". A *COVID-19* é uma doença contagiosa provocada por uma nova forma de coronavírus. O primeiro caso de infecção por coronavírus teria ocorrido na cidade chinesa de Wuhan em dezembro de 2019. Os sintomas da *COVID-19* incluem febre, tosse, fadiga, dificuldades respiratórias e perda de olfato e/ou paladar. Ver também *lockdown* p. 57.

DAY AFTER De *day* (dia) e *after* (após, depois). Em tradução livre "dia seguinte". Expressão que surgiu e se popularizou a partir de filme homônino, *The Day After* (1983), do diretor Nicholas Meyer. Esse filme apresenta o dia seguinte a uma catástrofe nuclear, expondo as suas consequências. A expressão *day after* passou a ser empregada como sinônimo de "recomeço, situação completamente nova" e expressões afins. *Day after* também é um anglicismo mais recentemente usado entre as mulheres, especialmente as que possuem cabelos cacheados ou crespos, para se referir ao período pós-lavagem dos cabelos, quando todo o cuidado é importante (finalização correta dos fios, borrifação, etc.) para manter o cabelo bonito por mais tempo, até a próxima lavagem.

DELIVERY "Serviço de entrega" de comida pronta e outros produtos em domicílio. É oferecido por estabelecimentos comerciais como restaurantes, supermercados, lojas e outros. *Delivery* é um anglicismo usual que as redes de *fast food* (p. 16) e pizzarias ajudaram a propagar no Brasil. O substantivo *delivery* (entrega) é formado a partir do verbo *deliver/delivered/delivered* (entregar). Veja um exemplo contextualizado desse verbo em inglês: *They promised to deliver the goods within five working days* (Eles prometeram entregar os produtos em cinco dias úteis). O substantivo *delivery* é ainda empregado em outro importante contexto na língua inglesa, com o sentido de "parto". Ex.: *Alexia had a painless delivery thanks to epidural anesthesia* (Alexia teve um parto sem dor graças à anestesia peridural).

DISPENSER Anglicismo formado a partir do verbo *dispense* (distribuir, dispensar). Recipiente em que se coloca sabonete líquido, álcool em gel ou outro produto, que possui uma abertura para dispensar ou distribuir em quantidades pequenas ou doses. Os *dispensers* de álcool em gel tornaram-se bastante comuns durante a pandemia de coronavírus (ver *COVID-19* p. 50) devido à necessidade de higienização constante das mãos.

DOWN Anglicismo empregado informalmente com o sentido de deprimido, conforme exemplificado na frase: "Estava sentindo-se meio *down* por causa da morte de um colega de trabalho". *Down* também é o nome de uma síndrome caracterizada pelo atraso no desenvolvimento físico e intelectual, primeiramente reconhecida e descrita pelo médico inglês John Langdon Down (1828-1896) no final do século XIX. A palavra *down* é bastante versátil na língua inglesa e pode funcionar como preposição (para baixo), adjetivo (deprimido), substantivo (penugem, pena) ou verbo (abater, derrubar, beber rápido). Confira os exemplos a seguir: *She's feeling a little down today* (Ela está um pouco deprimida hoje). *This pillow is light because it's filled with goose down* (Este travesseiro é leve porque o enchimento é de pena de ganso). *They downed the helicopter with a missile* (Eles abateram o helicóptero com um míssil). *He downed his whisky and left* (Ele tomou o uísque rapidamente e foi embora).

DREAM TEAM O *dream team*, em tradução livre "time dos sonhos", é como ficou conhecida a seleção de basquetebol americana masculina, campeã da Olimpíada de Barcelona em 1992. A imprensa americana da época passou a se referir à seleção de seu país por esse nome devido ao fato de ser formada por alguns dos maiores astros da *NBA* (*National Basketball Association* – *ver NBA* p. 161) e ter sido campeã invicta do torneio. A expressão *dream team* rapidamente se popularizou, sendo usada até hoje em vários países com o sentido de grupo seleto ou equipe formada por pessoas superqualificadas e especialistas em sua área de atuação, conforme exemplificado na frase: "A empresa planeja uma série de treinamentos para capacitar a equipe de vendas e assim formar um *dream team*".

DRIVE-IN Anglicismo formado a partir do verbo *drive* (dirigir) e da preposição *in* (dentro, para dentro). Sistema que denota o estilo de vida prático dos americanos: lanchonete, cinema ou outro tipo de estabelecimento comercial onde é possível entrar com o carro e ser atendido ou servido sem sair dele. Esse é o conceito original de *drive-in*, uma invenção americana que teve o seu apogeu nas décadas de 1950 e 1960 e se propagou pelo mundo. No Brasil, o *drive-in* foi inicialmente incorporado como cinema ao ar livre, onde as pessoas, de dentro de seus veículos, podiam assistir a filmes em uma tela gigante instalada em um terreno adequado para o propósito, assim como nos Estados Unidos.

Com o tempo os criativos empresários brasileiros perceberam como esse tipo de ambiente era propício ao namoro e outras intimidades e assim adaptaram o conceito original para outra finalidade. A maioria dos *drive-ins* no Brasil hoje em dia são locais com *boxes* (p. 47) ou garagens privativas, onde casais de namorados podem desfrutar de momentos íntimos, dentro de seus carros, sem serem perturbados. Contudo, com a pandemia de coronavírus houve um *revival* (p. 182) dos *drive-ins* originais (cinemas ao ar livre), já que eles ressurgiram como uma forma de evitar o contágio através do distanciamento social.

DRIVE-THROUGH/DRIVE-THRU A ideia de oferecer praticidade e rapidez fez surgir este sistema através do qual um motorista não precisa sair de seu veículo para comprar um lanche ou utilizar um serviço. Com efeito, essa invenção só poderia ter sido um sucesso imediato em um país onde o carro tem um papel tão importante como é o caso dos Estados Unidos. O sistema *drive-through* ou *drive-thru* (forma abreviada) difundiu-se inicialmente através das grandes redes de *fast food* (p. 16) americanas, o que também aconteceu no Brasil. Logo o conceito estendeu-se também para os serviços de caixa eletrônico de bancos, drogarias e outros. A expressão *drive-through*, formada a partir do verbo *drive* (dirigir) e da preposição *through* (através) foi muito empregada no Brasil durante a pandemia de coronavírus (ver *COVID-19* p. 50), já que muitos estabelecimentos comerciais passaram a atender seus clientes através desse sistema como uma forma de evitar a disseminação do vírus.

DROPS/DROPES Espécie de bala ou pastilha doce e dura. *Drops* é um substantivo empregado no singular e no plural. Incorporamos esse termo a partir do substantivo inglês *drop* (gota, pingo, pastilha). Tanto a grafia original do inglês *drops* quanto a forma aportuguesada “dropes” são usuais.

EMBROMATION ver **Pseudoanglicismos** p. 145

FACE SHIELD De *face* (rosto, face) e *shield* (escudo). Em tradução livre "protetor facial". Espécie de viseira transparente que atua como primeira barreira física de proteção contra gotículas de saliva, tosse e espirro. Um item de proteção pessoal usado durante a pandemia de coronavírus (ver *COVID-19* p. 50).

FRONT Expressão empregada no contexto militar com o sentido de "linha de frente", ou seja, o local onde estão localizadas as unidades mais avançadas em um confronto e onde ocorrem os combates. O anglicismo *front* é também empregado no Brasil como sinônimo de "âmbito, setor, esfera, cenário" conforme exemplificado na frase: "As notícias são bastante positivas no *front* doméstico".

GAME OVER Em tradução livre significa "fim de jogo". Mensagem que surge ao final de uma partida de *video game* (p. 93), quando o jogador perde o jogo ou não consegue passar de uma etapa. Essa expressão é na verdade mais antiga e já era usada nas antigas máquinas de fliperama: a frase *game over* acendia no painel da máquina quando o jogador perdia o jogo, simbolizando assim a derrota.

Com o tempo a expressão *game over* ganhou uma conotação mais ampla e passou a ser empregada informalmente pelos falantes nativos de inglês para se referir ao término de um ciclo ou fase, ou quando ocorre algum tipo de derrota. É uma expressão também às vezes usada entre nós brasileiros. Exemplo: O amigo de um noivo lhe diz brincando '*game over!*', reforçando a ideia da nova etapa mais séria e 'sem jogos' que está por vir com o fim da vida de solteiro.

GAP Assim como na língua inglesa, o anglicismo *gap* é empregado no Brasil com o sentido de "vão, intervalo, lacuna, descompasso, brecha, defasagem, diferença ou disparidade", conforme exemplificado nas frases: "Um *gap* entre demanda e oferta"; "Um *gap* muito grande entre a situação almejada e a situação atual"; "Um *gap* entre o discurso e o comportamento"; "Um *gap* entre a teoria e a prática". Uma expressão usual na língua inglesa é *generation* *gap* (diferença de gerações), que diz respeito aos conflitos de ideias e valores entre pessoas pertencentes a diferentes gerações. Outra expressão é *gap year*, refere-se ao período de um ano que um aluno deixa de estudar, normalmente ao terminar o ensino médio, antes de iniciar a faculdade. Ex.: *Roger is planning to take a gap year and travel around Europe before going on to college* (Roger está planejando deixar de estudar pelo período de um ano e viajar pela Europa, antes de ingressar na faculdade). É oportuno também lembrar o famoso aviso sonoro *Mind the Gap* (cuidado com o vão), utilizado no metrô de Londres. Ele tem como objetivo alertar os passageiros para que tenham cuidado com o vão entre o trem e a plataforma.

GREEN CARD Visto permanente de imigração concedido pelas autoridades americanas a um cidadão estrangeiro. O portador de um *green card* tem o direito de viver, trabalhar e estudar de forma permanente nos Estados Unidos, bem como de usufruir de serviços públicos oferecidos pelo país. É um documento conhecido oficialmente como *US Permanent Resident Card*, em tradução livre "cartão/documento de residente permanente nos Estados Unidos". O *green card* (cartão verde) é assim chamado devido a cor esverdeada desse documento.

HOLERITE O mesmo que "contracheque". Demonstrativo de pagamento emitido pelo empregador ao empregado e que especifica o salário, deduções de impostos, comissões e outros detalhes. A palavra holerite, já aportuguesada, tem origem no sobrenome de Herman Hollerith, empresário americano considerado pioneiro no processamento de dados. Em 1880, Hollerith desenvolveu a máquina leitora de cartões perfurados, o que tornou possível o processamento de dados em massa.

HOVERBOARD De *hover* (flutuar, levitar) e *board* (tábua). Equipamento com duas rodas lado a lado e *design* (p. 33) futurista, movido a bateria e controlado com a inclinação do corpo do usuário. Pode ser comparado ao *segway* (p. 99), diciclo utilizado por seguranças em *shopping centers* (p. 60). A diferença básica é que no *hoverboard* não há uma barra central usada para a condução do equipamento. O termo *hoverboard* foi popularizado através do filme *Back to the Future – Part II* (De volta ao futuro – Parte II), de 1989, em que o personagem Marty Mcfly protagoniza uma cena em que utiliza um *hoverboard* e sai deslizando pelo ar.

HOVERCRAFT De *hover* (flutuar) e *craft* (embarcação, aeronave). Veículo que, apoiado num colchão de ar, desloca-se sobre a água, terrenos alagados e também sobre o solo liso. Inventado pelo engenheiro inglês Sir Christopher Cockerell em 1953, foi muito usado a partir da década de 1970 na travessia do Canal da Mancha, entre Dover (Inglaterra) e Calais (França). Os *hovercrafts* dessa rota transportaram regularmente passageiros e automóveis até o serviço ser descontinuado no ano 2000, já que o novo Eurotúnel, inaugurado em 1994, havia reduzido consideravelmente o tempo de travessia do canal. A única rota comercial regular de *hovercraft* ainda em operação no mundo transporta passageiros de Portmouth à Ilha de Wight, na Inglaterra.

IMPEACHMENT Sinônimo de "impedimento ou impugnação de mandato". É o processo de cassação do mandato de uma autoridade do poder executivo (presidente da República, governadores ou prefeitos) ou do poder judiciário (ministros do Superior Tribunal Federal ou procurador-geral da República), a partir de uma denúncia de crime de responsabilidade, que é julgado pelo poder legislativo. O anglicismo *impeachment* é formado a partir do verbo *impeach* (acusar, culpar, impugnar) e fez surgir no Brasil o neologismo "impichar" com o sentido de destituir, dispensar ou desapossar.

INTERPOL É como é conhecida a *International Criminal Police Organization* (Organização Internacional de Polícia Criminal). Sediada em Lyon, na França, a *Interpol* é uma organização internacional que promove a cooperação policial mundial para combater a criminalidade.

KEEP CALM AND CARRY ON Talvez você já tenha visto essa frase ou alguma variação dela em um pôster, camiseta, caneca ou em outro lugar. O *slogan* (p. 105) *Keep calm and carry on* (Mantenha a calma e siga em frente) foi originalmente criado no início da Segunda Guerra Mundial em 1939 pelo governo britânico, com o objetivo de tranquilizar o povo inglês em um momento de tanta aflição e de uma possível invasão dos alemães. Foram na verdade criados três *slogans* com a missão de levantar o moral dos ingleses na época, sendo que *Keep calm and carry on* acabou sendo preterido e deixado de lado, já que os outros dois *slogans* foram considerados mais apropriados para aquele momento. Eles diziam: *Your courage, your cheerfulness, your resolution will bring us victory* (Sua coragem, seu bom humor, sua decisão nos trará a vitória) e *Freedom is in peril. Defend it with all your might* (A liberdade está em perigo. Defenda-a com toda a força). Posteres com esses *slogans* foram colocados em vitrines de lojas e estações de trem na Inglaterra e vistos por uma grande parte da população inglesa na época.

E como então o *slogan* preterido veio a se tornar famoso? Um pôster original com o *slogan Keep calm and carry on* foi encontrado no ano 2000 no nordeste da Inglaterra, em uma loja de livros usados (*Barter Books*) pelo casal de proprietários Stuart e Mary Manley. Mary gostou tanto do *slogan* que decidiu emoldurá-lo e colocá-lo na livraria. Com o tempo, o quadro *Keep calm and carry on* tornou-se tão popular entre os frequentadores da livraria que Mary e Stuart começaram a vender cópias dele. Desde então esse *slogan* tornou-se *pop* (p. 78), e é hoje visto nos lugares mais inusitados em todo o mundo. Veja abaixo algumas paródias do *slogan*, algumas que inclusive misturam inglês e português.

Keep calm and don't panic (Mantenha a calma e não entre em pânico)
Keep calm and have a caipirinha (Mantenha a calma e beba uma caipirinha)
Keep calm and lave a louça (Mantenha a calma e lave a louça)
Keep calm and eat chocolate (Mantenha a calma e coma chocolate)
Keep calm and leia um livro (Mantenha a calma e leia um livro)
Keep calm and hug me (Mantenha a calma e me abraçe)
Keep calm and aguarde novidades (Mantenha a calma e aguarde novidades)

KEEP WALKING Em tradução livre significa "continue andando". *Slogan* (p. 105) já bastante divulgado no Brasil da marca de uísque escocês Johnnie Walker. O verbo *keep/kept/kept* (manter, guardar) também é empregado em inglês com o sentido de continuar a fazer algo, assim como é usado no *slogan Keep Walking*. Confira os exemplos a seguir: *Even though the movie was boring, Dave kept watching it to the end* (Embora o filme fosse chato, Dave continuou a assisti-lo até o final). *Why does that guy keep looking at us? Is something wrong?* (Por que aquele cara não para de olhar para nós? Tem algo errado?).

LOCKDOWN Em tradução livre significa "confinamento, isolamento ou bloqueio total". Palavra introduzida no vocabulário dos brasileiros durante a pandemia de coronavírus (ver *COVID-19* p. 50), que atingiu o Brasil em fevereiro de 2020 e se prolongou por um longo período. O *lockdown* e o "distanciamento social" (*social distancing*) foram medidas adotadas por várias cidades de países ao redor do mundo para conter o avanço da transmissão do vírus e assim evitar o colapso dos sistemas de saúde. Tendo iniciado na cidade chinesa de Wuhan em dezembro de 2019, o surto de coronavírus alastrou-se gradualmente para várias regiões do planeta. Por influência dos países anglófonos, em especial os Estados Unidos, *lockdown* veio a se tornar um termo global. Além do substantivo *lockdown*, em inglês há também o *phrasal verb* (verbo frasal) *lock down* (fechar, interditar). Confira as frases contextualizadas a seguir: *All non-essential businesses were closed during lockdown* (Todos os negócios não essenciais ficaram fechados durante o *lockdown*). *The city has been locked down because of the pandemic. No one is allowed to leave their homes, except for essential needs* (A cidade foi interditada por causa da pandemia. Ninguém tem permissão de sair de casa, exceto por necessidades essenciais).

LOL ver **Siglas e abreviações** p. 150

MADE IN BRAZIL Você já deve ter visto essa frase antes, ou talvez, *Made in Japan*, *Made in China*, ou algum outro país. *Made* é o particípio passado do verbo *make* (fazer), usado no sentido de fabricar, construir. Logo *Made in Brazil* quer dizer "fabricado no Brasil". O verbo *make/made/made* é usado de forma diferente do verbo *do/did/done*, que também significa fazer. O uso do verbo *make* está normalmente relacionado a um processo manual ou de fabricação de algo. Já o *do* é um verbo mais genérico e abrangente. Ex.: *What do you do every day?* (O que você faz todos os dias?). Veja no contexto criado pela pergunta e resposta a seguir a diferença entre esses dois verbos.

Question: *What are you doing?* (O que você está fazendo?)

Answer: *I'm making a cake!* (Estou fazendo um bolo!)

É importante lembrar que também há várias expressões fixas com os verbos *make* e *do* em que a diferenciação explicada acima nem sempre se aplica.

MISS Título conferido à mulher vencedora de um concurso de beleza. Um anglicismo que entrou para o vocabulário dos brasileiros e se popularizou através desses tipos de concurso (*Miss* Bahia, *Miss* Curitiba, *Miss* Brasil). Na língua inglesa *Miss* (senhorita) também é a forma de tratamento formal empregada para se referir a uma mulher solteira. Ex.: *Have you been introduced to Miss Campbell yet?* (Você já foi apresentado para a senhorita Campbell?).

MOTOBOY ver **Pseudoanglicismos** p. 145

NOBREAK/NO-BREAK De *no* (não) e *break* (pausa, interrupção) transmitindo a ideia de "sem interrupção". Equipamento alimentado a bateria que entra em ação fornecendo energia elétrica, se houver interrupção de fornecimento da rede pública. O *nobreak* é um aparelho comumente usado para proteger computadores, mantendo-os funcionando no caso de um *blackout* (p. 47). Expressões como *no-break system* ou *no-break power* podem ser encontradas na língua inglesa, mas são pouco usuais. O aparelho equivalente ao *nobreak* brasileiro é conhecido nos países de língua inglesa pela sigla *UPS* – *Uninterruptible Power Supply* (Fornecimento de Energia Ininterrupta).

OK Palavra internacional, usual e versátil. Empregada para "confirmar, aprovar ou concordar" com alguém. Há várias teorias sobre a origem dessa expressão cuja etimologia é controversa. *OK* seria a abreviação de *oll korrect*, grafia jocosa de *all correct* (tudo correto, tudo certo). Segundo alguns relatos, a expressão pode também ter surgido durante a guerra de Secessão nos Estados Unidos. Quando os soldados voltavam dos campos de batalha sem nenhuma baixa, os caracteres "OK" (suposta abreviação de *0 killed* – zero mortos) eram expostos em uma grande placa, indicando que "tudo estava bem" por não ter havido mortes naquele dia. Contudo a versão mais plausível é que a expressão *OK* teria se popularizado nas eleições americanas de 1840, durante a campanha para a reeleição do então presidente Martin Van Buren, cujo apelido era Old Kinderhook (Kinderhook, no Estado de Nova York, era sua cidade natal). O partido democrata pelo qual ele concorria utilizava as iniciais de seu apelido como *slogan* (p. 105), sugerindo que com OK (Old Kinderhook) tudo estaria bem. Na língua inglesa, *OK* ou *okay* (aprovar) funciona também como verbo: *The proposed measure was OK'd (or okayed) by the board* (A medida proposta foi aprovada pela diretoria).

OUTLET Loja ou centro comercial sem luxo, onde é possível comprar roupas e calçados diretamente dos fabricantes, a preços mais acessíveis. O conceito de *outlet* está originalmente associado às *factory outlets*, as lojas de fábrica americanas que na década de 1930 vendiam produtos danificados ou excedentes a preços inferiores para os seus funcionários. Além desse significado, a palavra *outlet* é empregada na língua inglesa com o sentido de "tomada elétrica ou válvula de escape". Confira os exemplos a seguir: *You can use the outlet by the bed to charge your cell phone battery* (Você pode usar a tomada perto da cama para carregar a bateria do seu celular). *Physical exercise has always been an outlet to relieve stress* (A atividade física sempre foi uma válvula de escape para aliviar o *stress*).

PARKLET Espécie de minipraça com bancos e mesas, instalada em via pública, onde antes havia uma ou duas vagas de estacionamento. O *parklet* tem como propósito tornar o espaço público mais agradável e acolhedor, oferecendo uma área de lazer, descanso e convívio para os transeuntes. Os primeiros *parklets* surgiram em São Francisco, nos Estados Unidos, em 2010, e o conceito vem se difundindo mundo afora, incluindo é claro o Brasil, que já conta com um grande número de *parklets*. O termo *parklet* é formado pela palavra *park* (parque, praça) e o sufixo diminutivo em inglês *let*, remetendo à ideia de "pracinha, minipraça ou miniparque".

PEDIGREE "Genealogia ou linhagem" de um animal de raça, termo normalmente empregado para se referir a um cachorro ou cavalo. *Pedigree* designa também o documento que atesta essa linhagem. Um cachorro com *pedigree* é um cachorro de raça pura. A palavra *pedigree* tem raízes na língua francesa, mas foi incorporada ao português por influência do inglês.

RUSH (HORA DO RUSH) "Horário de pico", movimento intenso de veículos nos grandes centros urbanos, devido ao grande fluxo de pessoas que se locomovem em uma mesma direção, como é o caso do horário de ida ou vinda do trabalho. A expressão "hora do *rush*" tem origem no inglês *rush hour*. Ex.: *I try to leave home early so I can beat the rush hour* (Tento sair de casa cedo para evitar a hora do *rush*).

SCOOTER Sinônimo de "motoneta", nome menos usual. Trata-se do veículo motorizado, similar a uma motocicleta, mas com duas rodas menores. A lambreta e a vespa, ambas de origem italiana, são duas marcas genéricas muito conhecidas de *scooters*. A dica de inglês fica por conta do fato de que nos países de língua inglesa *scooter* pode significar motoneta ou patinete, a depender do contexto. Confira os exemplos: *Jerry rides his scooter to work every day* (Jerry vai de *scooter* para o trabalho todos os dias). *Billy's parents gave him a scooter for his birthday when he turned nine* (Os pais do Billy deram um patinete para ele de aniversário quando ele fez nove anos).

SCOTLAND YARD É como é conhecida mundialmente a *Metropolitan Police* (Polícia Metropolitana) de Londres, em atividade desde 1829, e também chamada pelos londrinos de *Met*, forma abreviada e informal. O nome *Scotland Yard*, aparentemente uma referência à Escócia (Scotland), está associado à localização de seu primeiro quartel-general, que tinha entrada nos fundos pela rua *Great Scotland Yard* (em tradução livre "jardim ou pátio da grande Escócia"). Em 1890 quando a *Scotland Yard* mudou sua sede para outro endereço, o nome oficial da Polícia Metropolitana de Londres passou a ser *New Scotland Yard*.

SERENDIPITY O anglicismo *serendipity* remete à ideia de "descoberta afortunada, surpresa boa" e expressões afins. Descreve o momento quando, ao acaso, encontra-se algo importante e que se desejava. Essa palavra surgiu, em 1754, através do conto *The three princes of Serendip* (Os três príncipes de Serendip), do escritor inglês Horace Walpole. Nele Walpole descreve as descobertas casuais de três príncipes de Serendip, antigo nome da ilha do Ceilão, região onde atualmente é o Sri Lanka. Para a formação desse termo acrescentou-se o sufixo inglês *ity*, empregado em um grande número de palavras na língua inglesa. É o caso de *spirituality*, *community*, *quality*, *productivity*, *ability*, *reality*, *utility* e muitas outras. O anglicismo *serendipity* é às vezes traduzido como "serendipidade".

SHOPPING CENTER De *shopping* (compras) e *center* (centro), ou seja, "centro de compras ou centro comercial". Estabelecimento amplo, com estacionamento, que abriga no mesmo local um grande número de lojas e também restaurantes, cinemas e outros serviços. A expressão *shopping center* é frequentemente abreviada no Brasil para simplesmente *shopping*: Foi ao *shopping* comprar um par de tênis". É importante esclarecer que na língua inglesa essa abreviação não é possível, é necessário usar a expressão por completo. Uma outra palavra muito usual nesse contexto em inglês é *mall*, sinônima de *shopping center*. Confira os exemplos contextualizados: *The shopping center near my house is always crowded at this time of the day* (O shopping perto da minha casa está sempre lotado a esta hora do dia). *Carol had lunch at the mall and went shopping afterwards* (Carol almoçou no shopping e depois foi às compras).

SOS Assim como a expressão *mayday* (p. 30), *SOS* é um código universal de pedido de socorro. Há versões de que *SOS* seria a abreviação de *Save Our Ship* (salve nosso navio) ou *Save Our Souls* (salve nossas almas) já que esse sinal era amplamente empregado na navegação. Na verdade *SOS* não é uma sigla baseada em palavras, mas sim a representação em código Morse de sinal de alerta e pedido de ajuda, convencionado durante a conferência radiotelegráfica internacional de Berlim, em 1908. Assim o código *SOS*, por conter letras mais fáceis de transmitir e de reconhecer, foi criado em substituição ao código de socorro anterior (*CQD*). A partir de 1997, o código Morse e consequentemente o sinal *SOS* foram substituídos por modernos sistemas de comunicação via satélite e uso de mensagens de voz.

SPAM "Mensagem eletrônica" (*e-mail* p. 154) enviada a um usuário de computador, sem que a tenha solicitado. O *spam* é normalmente enviado para um grande número de endereços eletrônicos com o objetivo de divulgar um produto ou serviço. A hipótese mais plausível a respeito da origem do termo *spam* está relacionada a uma marca de carne suína enlatada chamada SPAM, contração de ***spiced ham*** (presunto condimentado). Um programa de TV do grupo humorístico britânico Monty Python mostra uma cena que ficou famosa e que ironiza o fato dessa marca de carne suína, distribuída pela Hormel Foods Corporation, não ter entrado no racionamento de comida durante e após a Segunda Guerra Mundial (1939-1945), o que fez com que a população na Inglaterra enjoasse desse alimento, que era então muito consumido. A cena se passa em um restaurante em que todos os pratos do cardápio vêm acompanhados de carne suína enlatada da marca SPAM, que é repetida pelos humoristas de forma hilária e à exaustão.

O nome *spam* teria ficado então associado a algo "repetitivo, insistente e indesejado", assim como é a mensagem eletrônica não solicitada.

STAND-BY Do verbo *stand* (situar-se, posicionar-se) e *by* (por perto). Expressa a ideia de algo ou alguém que está "de prontidão, em espera ou de sobreaviso", e que poderá ser utilizado ou chamado para agir em caso de necessidade. Na aviação, o anglicismo *stand-by* refere-se ao passageiro de um voo que não tem reserva e que somente poderá embarcar, se houver algum assento disponível no avião (passageiros em *stand-by*). *Stand-by* também designa uma funcionalidade de aparelhos eletrônicos (TV, DVD, etc.), que estão em "modo de espera" e que podem ser ligados pelo controle remoto. A grafia *standby* (sem hífen) também é usual na língua inglesa.

START A expressão informal "dar o *start*", ex.: "Vamos dar o *start* no projeto amanhã", e o neologismo "estartar" ou ainda "startar" têm o mesmo significado do verbo inglês *start* (começar, iniciar, inicializar) do qual são originários. Esse é mais um exemplo da grande influência do idioma inglês no português falado no Brasil.

STATES Forma abreviada e informal de *United States* (Estados Unidos) conforme exemplificado na frase: "Foi para os *States* estudar inglês". É uma expressão também usada na língua inglesa, ex.: *He's been living in the States for five years now* (Já faz cinco anos que ele mora nos *States*).

STENT Pequeno tubo de metal flexível utilizado para desobstruir as artérias coronárias em cirurgias de angioplastia. O *stent* mantém a artéria aberta e ajuda a melhorar o fluxo sanguíneo que se desloca até o músculo cardíaco. Embora esse seja o uso mais comum do *stent*, ele também é empregado em outras estruturas tubulares do corpo humano. De acordo com algumas fontes, a palavra *stent* teria surgido a partir do sobrenome do dentista inglês Charles Thomas Stent (1807-1885), criador de um molde dentário, posteriormente aperfeiçoado para outras aplicações.

STICKER Em tradução literal "adesivo". O uso de *stickers* ou "figurinhas" em mensagens de texto pelo aplicativo WhatsApp tornou-se bastante comum, já que eles tornam a conversa mais dinâmica e divertida e ajudam os usuários a se expressar com mais facilidade e humor. Essas figurinhas são frequentemente inspiradas em fatos do cotidiano, cenas de filme e celebridades, podendo também ser criadas a partir das próprias fotos dos usuários.

TAKE AWAY/TAKE-AWAY Anglicismo utilizado em placas e *banners* (p. 101) de restaurantes brasileiros, especialmente durante a pandemia do coronavírus (ver *COVID-19* p. 50). Formado pelo verbo *take* (pegar, levar) e a preposição *away* (embora), *take away* equivale no Brasil às expressões "para viagem ou a retirar no balcão". Essa é uma modalidade comercial que se tornou comum em algumas cidades brasileiras, já que durante o *lockdown* (p. 57) as pessoas estavam proibidas de frequentar restaurantes, lanchonetes e outros estabelecimentos comerciais que servem comida. *Takeaway* e *take-away* são as grafias empregadas nos países de língua inglesa, sendo que as expressões *takeout* ou *take-out*, usadas com o mesmo sentido, são mais usuais nos Estados Unidos e no Canadá.

TICKET "Bilhete ou cupom" que garante ao portador o direito a frequentar um museu, cinema ou outra atração, ou ter acesso a um serviço como um estacionamento. Ex.: "Esqueceu de validar o *ticket* de estacionamento". A palavra *ticket* também é usada como sinônimo de passagem, Ex.: "Mostrou o *ticket* para o motorista". A expressão *e-ticket* refere-se à versão virtual de um *ticket*, que pode ser encaminhada por *e-mail* (p. 154) ou via aplicativo. Mais recentemente o termo *ticket* passou a ser empregado no Brasil no âmbito corporativo, através do conceito "*ticket* médio", com o sentido de valor médio que um cliente despende pelos produtos ou serviços de uma empresa ou negócio, durante um determinado período de tempo. Há também a expressão "abrir um *ticket*", usada por atendentes de *help desk* (p. 195) que equivale a "abrir um chamado". Embora a forma aportuguesada "tíquete" já exista há um bom tempo, é ainda comum ver a palavra grafada na forma original em inglês na mídia impressa e digital brasileira.

TILT "Deu *tilt*" é uma expressão datada, mas ainda às vezes ouvida. Tem o sentido de "deixar de funcionar de repente, apresentar falha ou problema ou dar pau". Também às vezes empregada como sinônimo de "surtar". Essa expressão surgiu nos anos 70 e está relacionada às antigas máquinas de fliperama (*pinball*). Quando um jogador tentava trapassear, inclinando ou balançando a máquina, um mecanismo interno fazia a máquina travar, e logo a palavra *tilt* (inclinação) aparecia no painel. O assim chamado "mecanismo *tilt*" (*tilt mechanism*) foi criado pelo engenheiro americano Harry E. Williams, em 1935. Williams também foi responsável pelo projeto da primeira máquina de fliperama elétrica em 1933. A grafia aportuguesada "tilte" é pouco usual.

TO BE OR NOT TO BE *To be or not to be, that is the question* (ser ou não ser, eis a questão), é a frase mais famosa do poeta e dramaturgo inglês William Shakespeare (1564-1616) e talvez uma das mais conhecidas da literatura mundial. Ela aparece na peça *The Tragedy of Hamlet, Prince of Denmark*, de 1602, em que Shakespeare, através do príncipe Hamlet, faz uma reflexão sobre as dores e agruras da vida, que ele considera inevitáveis, e o medo da incerteza da morte. O dilema do príncipe Hamlet é que embora ele esteja insatisfeito com os tormentos da vida, o suicídio talvez não seja a saída, já que a morte é um grande ponto de interrogação: *"The undiscover'd country from which no traveller returns"* (O país não descoberto do qual nenhum viajante retorna). No contexto em que aparece na peça *Hamlet*, a citação *to be or not to be* (ser ou não ser) pode ser interpretada como "é melhor viver ou morrer?". Contudo, através dos tempos, essa frase ganhou contornos filosófico-existenciais abrangentes e costuma ser citada em diversos momentos, quando surge o dilema de fazer ou não algo, agir ou não agir e outras hesitações.

TOP Termo empregado em rádio e televisão para se referir ao sinal sonoro que simboliza a contagem regressiva de alguns segundos que antecede o início da transmissão de alguns programas e pronunciamentos importantes: "Atenção para o *top* de cinco segundos". O anglicismo *top* também é usado com os seguintes sentidos: posição mais alta em uma classificação (*top* de linha) ou os melhores em um *ranking*, Ex.: *The top five players* (Os cinco melhores jogadores); peça do vestuário feminino usada na parte superior do corpo, normalmente sem mangas, Ex.: "Ela estava usando um *top* preto superjusto, *jeans* (p. 214) e tênis"; e como forma abreviada de *top model* (p. 143), conforme exemplificado na frase: "A *top* posou para as fotos da campanha publicitária do novo biquíni". Além disso, a palavra *top* é utilizada de forma coloquial para se referir a algo superior ou de alta qualidade, ou como sinônimo de muito bom ou legal: "A festa ontem à noite foi *top*".

VALET PARKING De *valet* (manobrista) e *parking* (estacionamento). Serviço de manobrista oferecido por alguns restaurantes, hotéis, *shopping centers* (p. 60) e outros estabelecimentos. Também conhecido como "serviço de *valet*".

X-BURGUER Você já parou para pensar o que significa o X do X-burguer, X-salada, X-bacon e outros sanduíches em cardápios de lanchonetes no Brasil? O "X" em questão é a forma que os brasileiros, sempre criativos, encontraram para reproduzir um som próximo à pronúncia da palavra *cheese* (queijo) em inglês. O "X" foi assim incorporado ao nome de vários sanduíches para indicar que vêm acompanhados de queijo. Vale lembrar que um falante nativo do idioma inglês com pouca vivência de Brasil não conseguiria de imediato identificar o significado do tal "X" encontrado em cardápios brasileiros.

DIVERSOS

ABSTRACT Texto breve e objetivo que resume os pontos relevantes de um trabalho acadêmico, como por exemplo, uma monografia, tese ou TCC (Trabalho de Conclusão de Curso). O objetivo do *abstract*, equivalente a "resumo" em português, é ajudar os leitores a rapidamente entender o propósito de um trabalho acadêmico.

BABY Palavra amplamente reconhecida no Brasil, usada para se referir à criança recém-nascida, o "bebê". Assim como no idioma inglês, o termo *baby* também é empregado informalmente em nosso país, em interlocuções com alguém muito próximo ou querido. É uma forma carinhosa de se dirigir ao namorado, namorada ou cônjuge.

BACKGROUND Anglicismo frequentemente usado no Brasil para se referir ao estudo escolar formal e experiência adquirida por uma pessoa em determinada área (formação), conforme exemplificado na frase: "Ele tem um sólido *background* em marketing digital". Nos países anglófonos e consequentemente às vezes no Brasil, o termo *background* também é empregado para se referir a algo que está em segundo plano, Ex.: *background music* (música de fundo); *background of a painting* (pano de fundo de um quadro). Além disso, *background* pode fazer referência ao conjunto de informações e fatos necessários para o entendimento de uma situação ou assunto (contexto).

BIG A inclusão dessa palavra se justifica pelo uso informal que fazemos desse adjetivo inglês em frases como "um *big* de um apartamento"; "um *big* de um carro"; e outras, com o sentido de algo grandioso ou importante. O adjetivo inglês *big* (grande, grandes) é empregado com bastante frequência na língua inglesa. Ex.: *They sell all kinds of dogs there, big ones and small ones* (Eles vendem todos os tipos de cachorros lá, grandes e pequenos).

BIKE Anglicismo às vezes empregado no Brasil para se referir à "bicicleta", que em linguagem coloquial também é conhecida como "magrela". Em inglês, *bike* é um sinônimo informal de *bicycle* (bicicleta). Segue agora uma dica interessante: na língua inglesa, a depender do contexto, *bike* pode também significar motocicleta. Ex.: *Jeff's new bike is a Harley Davidson* (A nova moto do Jeff é uma Harley Davidson). Ver também *mountain bike* p. 88.

BOILER Termo empregado no Brasil com o sentido de caldeira elétrica ou a gás, usada para o aquecimento de água. Do verbo *boil/boiled/boiled* (ferver), acrescido do sufixo *er*, empregado na língua inglesa para transformar um verbo em substantivo.

BOOK Anglicismo empregado no Brasil como sinônimo de "portfólio", ou seja, pasta ou álbum em que são apresentados os trabalhos de um profissional (fotógrafo, desenhista, modelo, etc.). Nos países de língua inglesa, *book* (livro) não é usado nesse sentido, o termo equivalente é *portfolio*, que no contexto financeiro significa carteira de ações. Em inglês há também o verbo *book/booked/booked* (reservar): *They booked a hotel room in Seattle for three days* (Eles reservaram um quarto de hotel em Seattle por três dias).

BOOKMAKER De *book* (registro de apostas) e *maker* (aquele que faz). Anglicismo usual no turfe e em outros contextos, para se referir ao agenciador clandestino de apostas em corridas de cavalo ou em outras competições.

BYE-BYE Saudação informal de despedida nos países de língua inglesa. Muito conhecida e às vezes usada coloquialmente pelos brasileiros. *Bye-bye* é uma derivação de *goodbye* (adeus). Equivale em português a "até logo, até mais ou tchau".

CANYON Vale extenso, sinuoso e profundo, formado pelo processo de erosão ao longo de milhões de anos. Um dos *canyons* mais conhecidos e visitados por turistas de todo o mundo é o *Grand Canyon*, localizado no estado do Arizona, nos Estados Unidos. Embora existam as formas aportuguesadas "cânion" e "canhão", a grafia original *canyon* também está presente na mídia impressa e digital brasileira.

CASH O mesmo que "dinheiro em espécie ou dinheiro vivo", como exemplificado na frase: "Fique atento porque eles só aceitam pagamento em *cash*".

CHECKLIST De *check* (checar, conferir) e *list* (lista). Lista de itens a serem conferidos, tarefas a serem feitas ou condutas a serem seguidas em uma determinada atividade, trabalho ou situação. Um exemplo comum de uso desse termo é na aviação, antes da decolagem ou aterrissagem os pilotos devem realizar item por item todos os procedimentos necessários de acordo com o *checklist*. O anglicismo *checklist* é empregado em diversas situações, veja o exemplo a seguir: "Ele nos aconselhou a fazer um *checklist* antes de viajar, para não esquecermos nada importante". Fazer um *checklist* é fundamental também na organização de um evento, já que o detalhamento de tudo o que deve ser feito para que ele ocorra de forma satisfatória ajuda a torná-lo um sucesso.

CHECK-UP Exame médico rotineiro para avaliar o estado de saúde de uma pessoa, conforme exemplificado na frase: "Faço um *check-up* anual, normalmente no mês de janeiro". Alguns sinônimos de *check-up* são "avaliação, análise, checagem, inspeção e exame". Esse anglicismo também é às vezes usado para se referir à avaliação do estado de um automóvel, aparelho, máquina, etc. : "É recomendável fazer um *check-up* do carro antes de viajar". Embora a forma aportuguesada "checape" exista, é mais usual ver essa palavra grafada na forma original em inglês na mídia impressa e digital brasileira. A grafia *checkup* (sem hífen) é mais comum nos países de língua inglesa.

CLIPPING Do verbo *clip* (cortar). *Clipping* ou "clipagem", forma aportuguesada menos usual, é o serviço profissional que consiste em selecionar e arquivar de forma organizada matérias jornalísticas sobre um determinado assunto. Anglicismo também usado no Brasil como sinônimo de "resumo atualizado das notícias mais importantes".

CLONE Palavra de etimologia grega incorporada ao português a partir do inglês (*clone*). Refere-se ao ser, animal ou planta que é geneticamente idêntico a outro. Por extensão, o termo *clone* também é usado com o sentido genérico de cópia de um original. Além de substantivo, a palavra *clone* em inglês é empregada como verbo, *clone/cloned/cloned* (clonar). Veja o exemplo contextualizado a seguir: *Mrs. Johnson cancelled her credit card as soon as she found out it had been cloned* (A sra. Johnson cancelou o cartão de crédito assim que descobriu que ele tinha sido clonado).

CONTAINER Formado a partir do verbo *contain* (conter) e o sufixo *er*, esse anglicismo faz referência à enorme caixa de metal usada para o transporte de carga em navios, caminhões e trens. A palavra *container* tem um sentido mais amplo na língua inglesa e é também empregada como sinônimo de recipiente. Ex.: *Bowls, crates and jars are examples of containers* (Tijelas, caixotes e potes são exemplos de recipientes). Embora exista a forma aportuguesada "contêiner", a grafia original em inglês também está presente na mídia impressa e digital brasileira.

CRACK Droga derivada da cocaína, vendida em forma de pedra. A forma aportuguesada "craque" é menos usual.

CRUSH Anglicismo usado informalmente para se referir a alguém por quem se tem algum tipo de atração ou interesse romântico, conforme exemplificado na frase: "Ela está nervosa porque vai encontrar o *crush* dela hoje à tarde". O termo *crush* pode ser definido como "paixonite súbita", sendo às vezes empregado com o sentido de "amor platônico". "Ter um *crush*" por alguém é o mesmo que ter uma queda, atração ou amor platônico por alguma pessoa: "Há algum tempo ele tem um *crush* por uma colega da faculdade, mas acho que ela nunca o notou". Em inglês existe a expressão coloquial *have a crush on someone* (ter uma atração forte, mas temporária, por alguém). Ex.: *Samantha had a crush on George when they were teenagers* (Samantha era apaixonada pelo George quando eles eram adolescentes).

DARLING Assim como *baby* (p. 66), *darling* (querido, querida) é uma forma carinhosa de tratamento, conforme exemplificado na frase: "Vem cá, *darling*, me dá um abraço".

DIAL Painel graduado com ponteiro indicador de sintonia em um rádio, conforme o exemplo: "Seleção musical de bom gosto no seu *dial*". *Dial* pode também se referir ao botão com que se movimenta o ponteiro indicador até a localização da frequência desejada. Em inglês a palavra *dial* é empregada como substantivo ou verbo, *dial/dialed/dialed* (discar, ligar). Ex.: *Josh picked up the phone and dialed Kate's number* (Josh pegou o telefone e ligou para o número da Kate). Ver também *disk* p. 146.

EARPHONE De *ear* (orelha, ouvido) e *phone* (fone). Em tradução livre, "fone de ouvido". Existe o modelo auricular, que cobre a região do ouvido, e o modelo intra-auricular, com extremidades que se encaixam no canal auditivo. Os *smartphones* (p. 203) normalmente vêm acompanhados de *earphones* que são muito usados para ouvir música ou assistir a filmes, podendo vir na versão com ou sem fio. Ver também *headphone* p. 72.

EXPERT O mesmo que "especialista ou perito". O anglicismo *expert* denota alguém com larga experiência e domínio em uma área. A forma aportuguesada "experto" é menos usual. Além de substantivo, *expert* também é um adjetivo na língua inglesa. Ex.: *Stephen is an expert chef* (O Stephen é um chefe de cozinha hábil e experiente).

EXPRESS O adjetivo *express* na língua inglesa significa "expresso, rápido ou ágil". No Brasil esse anglicismo é empregado com o mesmo sentido, para transmitir a ideia de rapidez ou agilidade (serviço *express*, transporte *express*, funilaria *express*).

FANZINE Termo formado da junção da palavra *fan* (fã) com a abreviação de ***magazine*** (revista). Os *fanzines* são publicações da imprensa alternativa elaboradas por fãs e direcionadas aos aficionados de temas como música, cinema, ficção científica, histórias em quadrinhos e outros.

FEELING Anglicismo formado a partir do verbo *feel* (sentir). É o modo de perceber ou sentir uma determinada situação, conforme exemplificado na frase: "O meu *feeling* me diz que não deveríamos fechar negócio com essa empresa". Dependendo do contexto em que é utilizado, esse anglicismo pode ser substituído pelas palavras "impressão, sensação ou pressentimento".

FERRYBOAT/FERRY Balsa usada para o transporte de passageiros e veículos entre as margens de um rio ou em pequenos trechos marítimos. A forma abreviada *ferry* é usual em português e inglês.

FOG O mesmo que "neblina, nevoeiro ou cerração". *Foggy* é um adjetivo que costuma ser usado para descrever o tempo climático em Londres, já que o nevoeiro denso é característico do clima londrino: *London is known for its foggy weather, particularly throughout autumn and winter* (Londres é conhecida pelo seu clima nebuloso, especialmente durante o outono e o inverno). Além de substantivo, a palavra *fog* é empregada como verbo na língua inglesa: *The bathroom mirror was all fogged up after Karen took a shower* (O espelho do banheiro ficou todo embaçado depois que a Karen tomou banho).

FREE O mesmo que "livre ou grátis". Palavra que já aparece bastante na mídia impressa e digital brasileira, em expressões como *free style* (estilo livre em natação ou prática de skate), *free shop* (o mesmo que *duty-free shop* p. 210), *free jazz* (estilo de *jazz* caracterizado pelo improviso) e outras. O vocábulo *free* na língua inglesa é um componente importante usado em conjunto com várias outras palavras: *caffeine-free* (sem cafeína), *dairy-free* (sem lactose), *free will* (livre-arbítrio), *free admission* (entrada franca), *free fall* (queda livre), *free of charge* (gratuito, grátis). Além disso, *free* também é empregado como verbo em inglês, *free/freed/freed* (libertar). Ex.: *The hostages were freed uninjured* (Os reféns foram libertados ilesos).

FROST FREE De *frost* (gelo) e *free* (livre). Uma expressão relativa a geladeiras ou *freezers* (p. 33). A chamada tecnologia *frost free* é um sistema de refrigeração que impede a formação de gelo nas paredes internas do congelador, evitando assim a necessidade de descongelar o aparelho de tempos em tempos.

FULL TIME Expressão formada pelo adjetivo *full* (cheio, completo) e o substantivo *time* (tempo). O anglicismo *full time* é empregado para se referir a uma atividade que é realizada em período integral, conforme exemplificado na frase: "Ele é o único sócio que trabalha *full time* na empresa".

HEADPHONE De *head* (cabeça) e *phone* (fone). Trata-se do aparelho também chamado de fone de ouvido, com haste flexível circular, para ser usado ao redor da cabeça. Os *headphones* podem ser conectados a computadores ou celulares e são normalmente usados para ouvir música ou assistir a filmes.

HEADSET Assim como o *headphone* (p. 72), o *headset* é um fone de ouvido, com a diferença de possuir também um microfone para a comunicação. É um aparelho muito usado por profissionais de *telemarketing* (p. 107) e em centrais de atendimento (*call center* p. 112). Há também modelos de *headsets* voltados para jogos de computador que são usados por *gamers* (p. 85) que precisam se comunicar durante uma partida.

HELP Palavra às vezes usada de maneira informal pelos brasileiros, conforme exemplificado na frase: "Me dá um *help* aqui, por favor". Em inglês funciona como substantivo (ajuda, socorro) ou verbo, *help/helped/helped* (ajudar, socorrer). Como dica de inglês, destaco a expressão *help yourself* (sirva-se). Confira o exemplo a seguir: *There's the fridge. Feel free to help yourself to whatever you want, Brian told Harrison* (A geladeira está ali. Fique à vontade para se servir do que quiser, Brian disse para Harrison).

HOME CENTER De *home* (casa, lar) e *center* (centro). Loja grande e espaçosa, especializada em materiais de construção e outros itens necessários para a manutenção de uma casa, como ferramentas, ferragens, tintas, pisos, revestimentos, lâmpadas, lustres, objetos de decoração e utilidades domésticas.

HOMESCHOOLING/HOME SCHOOLING De *home* (casa, lar) e *schooling* (ensino, educação, instrução). Trata-se da "educação domiciliar", modalidade de ensino em que os alunos não frequentam escolas formais e o aprendizado ocorre na residência dos estudantes sob a supervisão de um ou os dois pais e/ou professores particulares contratados para o propósito. Os defensores do *homeschooling* normalmente veem a escola como um lugar inadequado e até hostil para a formação dos alunos, entendendo que a indiciplina em sala de aula e o *bullying* (p. 170) interferem muito na aprendizagem das crianças.

ICEBERG Grande bloco de gelo que flutua à deriva em águas oceânicas, após ter se desprendido de uma geleira. O termo *iceberg* é formado pela junção das palavras *ice* (gelo) e *berg*, que em sueco, holandês e alemão significa montanha. Aproximadamente 90% do volume de um *iceberg* permanece imerso na água, ou seja, a parte visível na superfície corresponde apenas a cerca de 10%. Tal fato fez surgir na língua inglesa a expressão *that's just the tip of the iceberg* (isto é só a ponta do *iceberg*) para se referir a uma situação ou problema que é muito maior ou complexo do que inicialmente aparenta. Embora a forma aportuguesada "icebergue" exista, a grafia *iceberg* é bastante usual. A forma reduzida *berg* também é empregada na língua inglesa como sinônimo de *iceberg*.

INSIGHT Entendimento súbito e claro de uma determinada situação ou problema. Revelação ou compreensão repentina que vem à mente. "Um estalo", "iluminação", "luz", conforme exemplificado na frase: "... E então ele teve um *insight* e desvendou o enigma".

KIT Conjunto de peças ou elementos em uma caixa, estojo ou embalagem, utilizado para uma mesma função ou atividade. Ex.: *kit* de ferramentas, *kit* de primeiros socorros, *kit* de maquiagem, *kit* de manicure e outros. A palavra *kit* também se refere a um conjunto de peças, normalmente acompanhado de instruções, para serem montadas, como forma de recreação, lazer. Ex.: *kit* de aeromodelismo, *kit* para montar carros miniatura e outros.

MASTER O mesmo que "matriz", arquivo original de áudio, imagens ou outros dados, a partir do qual se fazem cópias. O anglicismo *master* é ainda empregado como sinônimo de "principal" (*master* franqueado, usuário *master*, etc.). Confira agora os significados da palavra *master* em inglês nas frases contextualizadas a seguir: *A dog is always obedient to its master* (Um cachorro é sempre obediente ao seu dono). *The master of the ship was in command when the incident took place* (O capitão do navio estava em comando quando o incidente ocorreu). *Mark Twain is considered a master of fiction* (Mark Twain é considerado um mestre da ficção). *Since the band couldn't find the master they had to record all the tracks again* (Como a banda não conseguiu encontrar a matriz, eles tiveram que gravar todas as faixas novamente). *He masters several languages* (Ele domina vários idiomas).

MATCH "Dar *match*", expressão que se popularizou a partir do aplicativo de encontros Tinder, significa que duas pessoas curtiram e aprovaram o perfil e a foto uma da outra, formando assim um par, conforme exemplificado na frase: "Nossa, não acredito, deu *match*, eu e essa gata, vou convidar ela para um barzinho hoje à noite". Além disso, "dar *match*" é uma expressão usada quando o perfil de um candidato a um emprego combina com as qualificações que a empresa busca. Na língua inglesa a palavra *match* é empregada como substantivo (par, partida, jogo, fósforo) e verbo, *match/matched/matched* (combinar). Confira os exemplos contextualizados a seguir: *I'm glad Bob and Sue are finally getting married. They are a perfect match!* (Estou contente que o Bob e a Sue vão finalmente se casar. Eles formam um par perfeito!). *Kate watched the tennis match at Wimbledon yesterday* (Kate assistiu à partida de tênis em Wimbledon ontem). *We need matches to light the fire* (Precisamos de fósforos para acender o fogo). *Does my tie match my shirt?* (A minha gravata combina com a camisa?).

MEGASTORE Loja de grande porte que oferece diversidade de itens. Termo formado da junção do prefixo *mega*, que indica "grandeza", com a palavra *store* (loja).

MOP Utensílio de limpeza usado para lavar, tirar o pó e secar pisos. O *mop* tem estrutura semelhante à de uma vassoura: cabo extenso e em uma das extremidades o esfregão. Normalmente vem acompanhado de balde com duas repartições: uma para a água e algum produto de limpeza, e outra com uma centrífuga, usada para espremer e secar o esfregão. A palavra *mop* é empregada em inglês como substantivo (esfregão) ou verbo, *mop/mopped/mopped* (lavar, esfregar, limpar). Confira a frase a seguir: *They have a standby cleaner who mops the plant floor every two hours or so* (Eles têm um faxineiro de prontidão que limpa o chão da fábrica aproximadamente a cada duas horas).

MUST Dizer que algo é um *must* equivale a dizer que algo é essencial, indispensável, imprescindível ou imperdível, conforme exemplificado na frase: "Este novo livro é um *must* para todos que se interessam pelo assunto".

NICE A inclusão dessa palavra se justifica pelo uso informal que fazemos da expressão "numa *nice*", que tem o mesmo sentido de "numa boa", "tranquilo", "sossegado" e expressões afins. O adjetivo *nice* em inglês é bastante usual e pode significar simpático, gentil, bom, agradável ou legal, conforme se vê pelos exemplos a seguir: *She was very nice to us* (Ela foi muito simpática conosco). *Have a nice trip!* (Tenha uma boa viagem!). *He's a nice guy* (Ele é um cara legal).

NONSENSE De *non* ("não", prefixo que indica negação) e *sense* (sentido). O anglicismo *nonsense* sugere algo que não faz sentido. Empregado para se referir a frases ou ações que não tem nexo, lógica ou coerência. É sinônimo de "contrassenso, bobagem, besteira ou tolice". *Nonsense* também é um termo usado em literatura ou cinema, para definir um estilo caracterizado por narrativas ou cenas "absurdas ou surreais", em que nada parece fazer sentido.

OFFSET Processo de impressão tipográfica em que a imagem gravada em uma chapa de metal, normalmente de zinco ou alumínio, é impressa em uma superfície de borracha e então transposta para o papel, couro, etc. A forma aportuguesada "ofsete" é menos usual.

ON Significa "ligado". Assim como *off* (p. 104) "desligado" é uma palavra comumente vista em aparelhos elétricos e eletrônicos.

OVERDOSE De *over* (mais que, além de, em excesso) e *dose* (dose). Dose excessiva de algo, normalmente de substâncias tóxicas ou de algum medicamento, que pode causar intoxicação ou levar à morte. Por extensão, o anglicismo *overdose* também é empregado no sentido figurado, em referência ao excesso ou quantidade exagerada de alguma coisa: *overdose* de *videogame*, *overdose* de filmes, etc.).

PAPER Artigo ou ensaio acadêmico sobre um determinado tema, escrito por especialistas e publicado em periódicos especializados, às vezes apresentado em conferências, simpósios ou outros eventos acadêmicos. A palavra *paper* (papel) na língua inglesa também é empregada com o sentido de trabalho escolar, além de ser a forma reduzida de *newspaper* (jornal). Ex.: *Mr. Clark reads the paper every morning* (O sr. Clark lê o jornal toda manhã).

PART TIME Expressão formada pelas palavras *part* (parte) e *time* (tempo). Empregada para se referir a uma atividade que é realizada em meio período, conforme exemplificado na frase: "Ele estuda de manhã e trabalha *part time* à tarde". É o oposto de *full time* (p. 72).

PATCHWORK Anglicismo formado da junção das palavras *patch* (remendo) e *work* (trabalho). Tecido feito de retalhos de formas, cores e padrões variados, costurados entre si: colcha de *patchwork*, almofada de *patchwork*, avental de *patchwork*, etc.

PERFORMANCE Do verbo *perform* (atuar, executar, desempenhar). Desempenho ou rendimento de uma pessoa ou coisa: "A *performance* do atleta durante a competição foi excelente"; "A *performance* do novo automóvel deixou muito a desejar". *Performance* também é uma palavra empregada no mundo das artes, com o sentido de interpretação, apresentação pública ou artística (*performance* no palco). O neologismo "performar" (desempenhar) empregado no âmbito corporativo surgiu a partir do verbo inglês *perform*.

PET O mesmo que animal de estimação, conforme exemplificado na frase: "Ela está pensando em adotar ou comprar um *pet* para fazer companhia a seu filho". O anglicismo *pet* também é às vezes empregado na forma adjetiva. Ex.: "O mercado *pet* continua em crescimento e é uma ótima opção para quem deseja empreender". A dica de inglês fica por conta da expressão *teacher's pet*, usada informalmente com o sentido de aluno preferido do professor, ou seja, o queridinho do professor.

Obs.: Não confundir o anglicismo *pet* com a abreviação PET (PoliEtileno Tereftalato), material termoplástico que pode ser reciclado, muito usado em embalagens. Ex.: garrafas PET.

PET SHOP De *pet* (animal de estimação) e *shop* (loja). Estabelecimento comercial especializado em cuidar de animais domésticos, oferecendo serviços estéticos, como banho, tosa e outros. Alguns *pet shops* também vendem animais de estimação, bem como produtos como ração, coleiras, brinquedos, gaiolas, aquários, etc. Além disso, há *pet shops* que oferecem serviço de hospedagem, para quando os donos precisam viajar e não tem com quem deixar o seu *pet*. O termo *pet store* também é empregado na língua inglesa.

PINK É a cor-de-rosa, ou simplesmente rosa, mais uma palavra da língua inglesa que incorporamos no nosso dia a dia, para nomear, porém, uma cor rosa mais intensa.

PIN-UP Fotografia ou imagem de mulher atraente e sensual em pôster ou calendário. O termo *pin-up* é formado a partir do *phrasal verb* (verbo frasal) *pin up* (fixar com tachinhas), referência ao pôster que é afixado à parede. Por extensão, *pin-up* também designa a mulher que ilustra o pôster, conforme exemplificado na frase: "Ela é uma *pin-up* muito *sexy* (p. 183) e também trabalha como modelo".

PLAY A "tecla *play*" (em aparelhos de *CD*, *DVD* e outros) ajudou a difundir esse anglicismo no Brasil. *Play* nesse contexto significa tocar: "Apertou o *play* e ouviu a mensagem gravada". Confira a seguir alguns significados do verbo *play* em inglês: jogar (esportes e jogos), brincar, tocar (instrumentos musicais) e atuar (em filmes e teatro). Como substantivo *play* significa peça teatral, jogada ou lance (em esportes e jogos) e brincadeira.

PLOTTER O mesmo que "plotadora". Impressora gráfica utilizada para imprimir gráficos, imagens e desenhos em grandes dimensões, muito usada na impressão de plantas arquitetônicas, projetos de engenharia e outros.

PLUS Anglicismo empregado com o sentido de "algo a mais ou diferencial", conforme exemplificado na frase: "A candidata foi contratada porque fala três idiomas, o que foi considerado um *plus*". Na língua inglesa *plus* (mais) também é o símbolo matemático da adição (+). Ex.: *Three plus four equals seven* (Três mais quatro é igual a sete).

POCKET BOOK De *pocket* (bolso) e *book* (livro). Em tradução literal "livro de bolso". Livro em pequeno formato, fácil de ser transportado e de baixo custo. Um termo usado tanto no Brasil como nos países anglófonos. Há também na língua inglesa o termo *pocketbook* (uma só palavra) que significa bolsa de mulher. *Pocketbook* é às vezes empregado no sentido figurativo para se referir aos recursos financeiros de uma pessoa. Confira as frases a seguir: *Jane reached into her pocketbook for her keys* (Jane pegou as chaves de dentro da bolsa). *That Swiss watch would be too expensive for my pocketbook right now* (Aquele relógio suiço seria caro demais para mim no momento).

POP Forma abreviada de *popular* (popular). O anglicismo *pop* faz referência às manifestações de cultura popular. Ex.: música *pop*, arte *pop*, cantor *pop*, artista *pop*, etc.

RANKING O mesmo que escala classificatória. Classificação ordenada segundo critérios específicos, conforme exemplificado na frase: "A jovem tenista é a segunda no *ranking* mundial de tênis". Dois neologismos que surgiram a partir do anglicismo *ranking* são "ranquear" (classificar) e "ranqueamento" (classificação).

RELAX Anglicismo empregado no Brasil como sinônimo de descanso, lazer ou sossego, conforme exemplificado na frase: "Não gosta de discutir questões relacionadas ao trabalho em seu momento *relax*". *Relax* (relaxar) é usado apenas como verbo na língua inglesa. Ex.: *Let's sit down here and relax for a while* (Vamos sentar aqui e relaxar um pouco). O substantivo formado a partir do verbo *relax* é *relaxation* (relaxamento).

SELF-STORAGE De *self* (auto) e *storage* (armazenamento). Serviço oferecido por empresas especializadas em locação de espaços de variados tamanhos. O *self-storage* é uma solução de armazenamento que surgiu e se popularizou nos Estados Unidos, estando hoje presente em vários países, incluindo o Brasil.

SIDECAR De *side* (lado) e *car* (carro). Compartimento adjunto à lateral de uma motocicleta, onde pode ser transportado um passageiro.

SILKSCREEN De *silk* (seda) e *screen* (tela). O mesmo que "serigrafia". Técnica de impressão de desenhos ou texto (feitos em camisetas, pôsters, quadros, etc.) em que as tintas são vazadas através de uma tela de seda preparada. Os substantivos *silkscreen* ou serigrafia também fazem referência à estampa ou impressão resultante desse processo.

SNIPER O mesmo que "franco-atirador ou atirador de elite". Os *snipers* são treinados para eliminar o inimigo com um único tiro de arma de precisão. Normalmente atiram a partir de lugares escondidos e a grandes distâncias. O verbo *snipe/sniped/sniped* em inglês significa atirar com precisão de algum lugar escondido.

SPRINKLER Dispositivo de segurança usado no combate a incêndios, afixado no teto de quartos e salas de prédios comerciais, residenciais e outras edificações. Acionado em altas temperaturas ou quando há muita fumaça, o *sprinkler* faz jorrar água no local onde está instalado. Há também os *sprinklers* para gramados e jardins, usados para regar plantas e flores. Anglicismo formado a partir do verbo *sprinkle/sprinkled/sprinkled* (salpicar, espalhar, borrifar, chuviscar). Confira o exemplo em inglês a seguir: *The waiter sprinkled grated cheese over the pasta before serving* (O garçom salpicou queijo ralado sobre a massa antes de servir).

STOP Uma palavra universal, vista em vários lugares do mundo e presente em alguns dicionários brasileiros. *Stop* pode ser verbo (parar) ou substantivo (parada). É também uma palavra empregada em sinalização de trânsito para indicar parada obrigatória. *Bus stop* "ponto de ônibus", *nonstop* (p. 30) "sem interrupção, contínuo", *pit stop* (p. 25) "parada rápida", e *stopover* "escala em voos" são algumas expressões usuais da língua inglesa, formadas a partir do vocábulo *stop*. Segue agora uma dica gramatical importante: o verbo *stop* pode ser seguido de gerúndio ou infinitivo, mas com mudança de sentido. Compare os exemplos a seguir: *Ronald stopped talking to Carol* (Ronald parou de falar com Carol). *Ronald stopped to talk to Carol* (Ronald parou para falar com Carol).

STRESS "Esgotamento físico e/ou emocional" desencadeado por uma série de situações de desconforto, como trabalho intenso, preocupações, problemas afetivos, dificuldades financeiras, frustações, doenças, etc. O *stress* é uma resposta fisiológica do organismo humano que libera adrenalina e cortisol no sistema nervoso, o que pode ser bom até certo ponto, mas prejudicial quando em grandes quantidades e de forma prolongada. A forma aportuguesada "estresse" também é usada.

TIMER O mesmo que "temporizador". Dispositivo sonoro ou visual que indica o fim de um período de tempo preestabelecido, ou que então liga ou desliga automaticamente um aparelho ou máquina em momentos predeterminados: "Não esqueça de programar o *timer*". Em inglês *timer* também significa cronômetro.

TIMES SQUARE Localizada no coração de *Manhattan* (distrito em Nova York que abriga as principais atrações turísticas da cidade), na junção da *Broadway* (p. 37) com a Sétima avenida, entre as ruas *West 42* e *West 47*, a *Times Square* pode ser descrita como um enorme largo ou praça, com bares, restaurantes, prédios, teatros e lojas exibindo enormes painéis luminosos e telões por todos os lados. O nome *Times* (*square* significa praça) vem da época em que o famoso jornal americano *New York Times* tinha a sua sede no então *Times Building* (atualmente conhecido como *One Times Square*), prédio localizado entre as ruas *West 42* e *West 43*. É do terraço do *One Times Square* que a *Times Square Ball* (Bola da *Times Square*) começa a descer lentamente às 23h59min do dia 31 de dezembro. Esse evento, conhecido como *the ball drop* (a queda da bola), marca a virada do ano, terminando precisamente à meia-noite com a chegada do ano novo.

TIMING Momento oportuno ou mais adequado para se fazer algo, conforme exemplificado na frase: "O *timing* para o lançamento do novo produto não poderia ter sido melhor". O anglicismo *timing* também faz referência à cronologia detalhada de um processo: "Eles se comprometeram a respeitar os prazos de acordo com o *timing* estabelecido para a execução do projeto". Termo formado a partir da palavra *time* (tempo).

TONER Tinta em pó usada em fotocopiadoras e impressoras a *laser* (p. 158) para imprimir texto ou imagens em papel. A grafia aportuguesada "tôner" também é empregada.

TOP SECRET De *top* (topo, máximo) e *secret* (segredo). Algo como missão, plano, operação, etc., altamente confidencial ou ultrassecreto. Em inglês também existe a expressão *classified information*, que designa a informação sensível protegida por algum órgão governamental.

UP A inclusão dessa palavra se justifica pelo uso coloquial que fazemos da expressão "dar um *up*", com o sentido de melhorar: "Preciso dar um *up* no meu inglês","Ela quer dar um *up* no visual", etc. "Dar um *up*" é uma expressão inventada no Brasil que reflete a facilidade dos brasileiros de se apropriar de palavras estrangeiras e usá-las de forma criativa. Além desse uso, a expressão também está presente no contexto de mídias sociais: "dar um *up* no Facebook" equivale a subir uma postagem ou tópico, fazendo-o ir de volta para o topo. *Up* é uma preposição usual na língua inglesa e, a depender do contexto, pode significar "para cima, acordado, de pé ou em alta". É empregada em conjunto com vários verbos, formando assim *phrasal verbs* (verbos frasais) que frequentemente transmitem a ideia de completude, como por exemplo, *drink up* (beber tudo), *finish up* (terminar uma tarefa por completo, finalizar), *use up* (usar tudo, gastar) e outros.

UP-TO-DATE Anglicismo empregado como sinônimo de "atualizado", conforme exemplificado na frase: "Procura manter-se *up-to-date* com relação às novidades do mercado". *Up-to-date* é uma expressão também usada com o sentido de moderno, atual ou de acordo com a moda recente: "tecnologia *up-to-date*","traje *up-to-date*", etc.

ESPORTES, ATIVIDADE FÍSICA E LAZER

ACE O mesmo que "saque indefensável", no tênis ou voleibol. O *ace* é um saque que resulta em um ponto imediato, já que o jogador ou jogadores adversários não conseguem rebatê-lo. Além desse significado, *ace* (ás) em inglês é uma carta do baralho, Ex.: *ace of hearts* (ás de copas). É também empregado como verbo, *aced/aced/aced* (gabaritar). Ex.: *Dylan aced the math test* (Dylan gabaritou a prova de matemática).

BACKHAND De *back* (costas, verso) e *hand* (mão). Anglicismo usual em esportes de raquete como o tênis ou o *squash* (p. 92). O mesmo que revés. Golpe aplicado na bola com as costas da palma da mão voltada para a rede. É um golpe que o tenista executa quando seu adversário lança a bola no lado contrário a sua mão dominante. Ver também *forehand* p. 85.

BADMINTON Esporte de quadra que pode ser comparado ao tênis. O *badminton* utiliza uma pequena peteca no lugar da bolinha de tênis, e as raquetes dos jogadores são mais leves e com cabos mais compridos. A rede que divide a quadra fica aproximadamente a 1,55 metro do solo e a partida pode ser disputada por dois jogadores ou duas duplas adversárias. O *badminton* teve origem na Índia, com o nome de "poona", e foi levado para a Inglaterra por oficiais ingleses no século XIX. A versão oficial desse esporte surgiu na década de 1870, na propriedade campestre do duque de Beaufort, a *Badminton House*, daí o nome do jogo. Essa modalidade esportiva chegou ao Brasil muito mais tarde, na década de 1980. Em 1993 foi fundada a Confederação Brasileira de Badminton, que tem ajudado a difundir o esporte no país.

BANANA BOAT De *banana* (banana) e *boat* (barco). Embarcação inflável, de cor amarela e no formato de uma "banana gigante". Os *banana boats* são rebocados por uma lancha e usados em atividades de lazer, em locais turísticos. Há vários modelos de *banana boat* que podem acomodar em média sete passageiros. Como parte da brincadeira, o piloto da lancha tenta, ao fazer manobras bruscas, derrubar os passageiros na água durante o passeio.

BASE JUMPING Esporte radical em que o praticante salta de um ponto fixo (edifício, penhasco ou ponte), utilizando um paraquedas apropriado para abertura em baixas altitudes. O praticante desse esporte em inglês é chamado de *base jumper*.

BODYBOARDING/BODYBOARD Esporte aquático praticado em praias com uma *bodyboard* (prancha curta e mais larga, sem quilha). O *bodyboarding* consiste basicamente em surfar deitado de bruços na prancha. As formas *bodyboarding ou bodyboard* são usadas no Brasil, ao passo que em inglês *bodyboard* faz referência apenas à prancha. O praticante desse esporte é chamado de *bodyboarder*.

BUNGEE JUMPING Esporte radical em que o praticante salta de uma ponte, viaduto ou outra estrutura muito alta, com uma corda elástica amarrada aos tornozelos ou à cintura. As palavras que formam o nome desse esporte radical ajudam a entendê-lo com clareza: *bungee* (corda elástica) e *jumping* (ato de saltar).

CAMPING Atividade de acampar ao ar livre ou o local destinado a essa prática de lazer. Um anglicismo usual no Brasil para se referir ao local onde se acampa. A palavra *camping* é usada na língua inglesa para se referir à atividade ou ao ato de acampar. Ex.: *Larry loves the outdoors, that's why he's into camping* (Larry adora atividades ao ar livre, é por isso que ele gosta de acampar). O local onde as pessoas acampam é chamado em inglês de *campsite* ou *campground*. Ex.: *The campsite offers picnic tables and bathroom facilities* (O *camping* oferece mesas para piquenique e banheiros).

COOPER ver **Pseudoanglicismos** p. 145

CORNER Anglicismo usado no futebol como sinônimo de escanteio: "O jogador bateu o *corner* e fez gol olímpico". Há também a expressão informal "estar no *corner*", o mesmo que estar acuado, encurralado ou na defensiva. A grafia aportuguesada "córner" (com acento) também é usual. Veja agora um exemplo de uso do substantivo *corner* (canto, esquina) na língua inglesa: *The department store is on the corner of Lincoln Avenue and Pine Street* (A loja de departamentos fica na esquina da avenida Lincoln com a rua Pine).

DERBY O mesmo que "clássico". Termo usado em jargão futebolístico para se referir ao confronto de dois grandes times rivais, normalmente de uma mesma cidade. Acredita-se que a palavra *derby* tenha origem no nome de Lord Derby, um lorde inglês que em 1780 instituiu uma tradicional corrida anual de cavalos, que acontece até hoje em Epsom, na Inglaterra. Com o tempo *derby* teria passado a designar qualquer competição esportiva importante. A forma aportuguesada "dérbi" também é usual.

DOPING Uso proibido de substância estimulante para melhorar a *performance* (p. 76) de um atleta em competições esportivas: "O jogador se recusou a fazer o exame antidoping".

FAIR PLAY De *fair* (justo) e *play* (jogada, jogo). Em tradução livre significa jogo honesto ou "jogo limpo". Uma expressão especialmente associada ao futebol desde que a FIFA (sigla em francês de Fédération Internationale de Football Association) adotou a campanha *FIFA Fair Play*, cujo *slogan* (p. 105) *My game is Fair Play* (Meu jogo é *Fair Play*) incentiva o cumprimento de regras e lealdade entre os jogadores. Com efeito, essa é uma expressão empregada com o sentido de atitude justa e imparcial de quem respeita as regras estabelecidas, conforme exemplificado na frase: "O jogador foi criticado por não ter agido com *fair play* durante o jogo".

FITNESS Anglicismo formado a partir do adjetivo *fit* (em forma, em boa condição física). Em tradução livre significa bom condicionamento físico ou boa forma física. *Fitness* (ou *fitness center* p. 85) é um termo também empregado no Brasil com o sentido de local reservado para a prática de atividade física (com esteira ergométrica, halteres, aparelhos para alongamento e musculação, etc.) em hotéis, condomínios residenciais e outros locais, conforme exemplificado na frase: "O condomínio possui *fitness*, salão de festa, salão de jogos e quadra poliesportiva".

FITNESS CENTER De *fitness* (bom condicionamento físico) e *center* (centro). O mesmo que academia de ginástica. Local onde as pessoas se exercitam fisicamente para ficar em boa forma. A dica de inglês fica por conta da palavra *gym*, que também significa academia de ginástica. Confira o exemplo a seguir: *Ralph works out four times a week at a local gym* (Ralph malha quatro vezes por semana em uma academia local).

FOREHAND De *fore* (frente) e *hand* (mão). Anglicismo usual em esportes de raquete como o tênis ou o *squash* (p. 92). Golpe aplicado na bola com a palma da mão voltada para a rede. É um golpe que o tenista executa quando seu adversário lança a bola no mesmo lado de sua mão dominante. Ver também *backhand* p. 82.

FRISBEE ver **Marcas registradas** p. 95

GAME Abreviação de *video game* (p. 93). Jogo de computador ou de equipamento eletrônico (console) conectado a uma televisão. O anglicismo *game* também designa cada uma das seis subdivisões de um *set* (p. 42) no jogo de tênis.

GAMER Jogador de *video game* (p. 93). Termo formado da fusão do substantivo *game* (abreviação de *video game*, jogo eletrônico) com o sufixo *er*, empregado na língua inglesa para designar o agente de uma ação, no caso, "aquele que joga *video game*".

HANDICAP Anglicismo usado no golfe, turfe e em outras competições esportivas, para se referir à desvantagem imposta ao competidor superior, ou à vantagem concedida ao competidor menos qualificado, tendo por objetivo equilibrar as possibilidades de vitória dos participantes. A palavra *handicap* também é empregada na língua inglesa com o sentido de deficiência física ou mental, ou ainda com o significado de obstáculo.

HANG FIVE De *hang* (pendurar) e *five* (cinco, uma referência aos cinco dedos de um dos pés). Expressão usual entre os praticantes de surfe e *skate* (p. 90). O *hang five* no surfe é a manobra em que o surfista coloca um pé no bico (parte da frente) da prancha, com os dedos ligeiramente para fora da prancha, ou então dobrados sobre o bico. O outro pé permanece na parte detrás da prancha, servindo de apoio. No *skate* é a acrobacia em que o skatista apóia um dos pés na parte da frente da prancha, fazendo levantar a parte traseira, uma demonstração de destreza do praticante.

HANG TEN De *hang* (pendurar) e *ten* (dez, uma referência aos dez dedos dos pés). Expressão usual entre os praticantes de surfe e *skate* (p. 90). O *hang ten* no surfe é a manobra em que o surfista coloca os dois pés com os dedos dobrados sobre o bico (parte da frente) da prancha. Essa manobra pode variar, com o surfista colocando os dois pés na parte frontal, ligeiramente para fora da prancha. No *skate* é a acrobacia em que o praticante apóia os dois pés na parte da frente da prancha, levantando assim a parte traseira, uma demonstração de habilidade do skatista.

HOBBY O mesmo que passatempo. Atividade feita por prazer, distração ou divertimento, conforme exemplificado na frase: "Seu *hobby* era colecionar selos".

HOOLIGAN ver **Sociedade, comportamento e movimentos culturais** p. 168

INDOOR Anglicismo empregado para se referir a uma modalidade esportiva que é praticada em ambiente fechado (kart *indoor*, tênis *indoor*, escalada *indoor*, etc.). *Indoor* é também um termo usado em publicidade com o sentido de cartaz ou painel de propaganda exposto em recinto fechado (mídia *indoor*).

JET SKI De *jet* (jato) e *ski* (esqui). Veículo aquático motorizado de pequeno porte, para uma ou duas pessoas. Uma espécie de "moto aquática", utilizado para o lazer ou competições esportivas. *Jet ski* também é o nome do esporte praticado com esse veículo.

JOYSTICK De *joy* (alegria) e *stick* (taco, bastão, manche, graveto). Dispositivo manual, dotado de alavanca e botões, que se move sobre uma base. É utilizado por jogadores de *video games* (p. 93) para controlar os movimentos de imagens (personagens, objetos, etc.) e interagir com as cenas apresentadas no jogo. O *joystick* foi originalmente desenvolvido para funcionar como controle de aeronaves, sendo uma alavanca de comando comum em aviões e planadores até os dias de hoje.

KICKBOXING De *kick* (chute) e *boxing* (boxe, pugilismo). Arte marcial baseada em socos e chutes. O *kickboxing* é praticado como uma forma de condicionamento físico, defesa pessoal ou esporte. As grafias *kick-boxing* ou *kick boxing* são menos usuais.

KITESURF De *kite* (pipa) e *surf* (surfar, surfe). Esporte aquático em que o praticante, impulsionado por uma pipa gigante (similar a um parapente), desliza sobre a água em cima de uma prancha de surfe com alças para os pés. *Kitesurfing* é o nome desse esporte aquático nos países de língua inglesa. Segue agora uma dica de inglês: *fly a kite* significa "soltar ou empinar pipa". Ex.: *Tommy used to fly a kite when he was a kid* (Tommy costumava soltar pipa quando era criança).

LEASH Anglicismo comum entre os surfistas. É a corda ou "cordinha" usada para prender a prancha de surfe ao pé do surfista, também conhecida como *strap* (correia, alça, cinta). O termo *surfboard leash* é empregado nos países de língua inglesa. Em outro contexto, *leash* significa coleira em inglês. Ex.: *The sign in the park read: "Please keep your dog on a leash"* (A placa no parque informava: "Por favor, mantenha o seu cachorro na coleira").

LONGBOARD De *long* (longo, comprido) e *board* (tábua, prancha). Esporte similar ao *skate* (p. 90) no qual se utiliza uma prancha mais comprida e que pode ter formas variadas. O anglicismo *longboard* também faz referência ao equipamento utilizado para a prática desse esporte. Há também as "pranchas de surfe *longboard*", que são maiores, mais estáveis e consideradas por muitos surfistas ideais para o surfe clássico.

LONG JOHN ver **Vestuário, moda e estética** p. 212

MATCHPOINT De *match* (jogo, partida) e *point* (ponto). Ponto decisivo para o encerramento de um jogo de vôlei ou tênis. O substantivo *match* na língua inglesa também significa "fósforo". Como verbo, *match/matched/matched* é empregado com o sentido de "combinar". Confira os exemplos a seguir: *Donald struck the match to light the fire* (Donald riscou o fósforo para acender o fogo). *Do you think my green sweater matches these pants?, Greg asked his wife* (Você acha que o meu suéter verde combina com estas calças?, Greg perguntou à esposa).

MEDLEY O anglicismo *medley* na natação faz referência à competição em que os participantes executam os quatro estilos diferentes de nado: borboleta, peito, costas e livre (*crawl*). Além disso, no contexto musical, *medley* é sinônimo de *pot-pourri*, ou seja, a seleção de trechos de diversas músicas que juntas formam uma faixa musical única e harmônica.

MOTOCROSS Modalidade *off-road* (p. 24) de corrida de motocicleta, em pista de terra com lombadas e lama. O termo *motocross* tem origem nas palavras *motorcycle* (motocicleta) e *cross-country* (cortamato).

MOTOR HOME ver **Turismo e hotelaria** p. 209

MOUNTAIN BIKE De *mountain* (montanha) e *bike* (bicicleta). Bicicleta especialmente preparada para terrenos montanhosos e acidentados, com estrutura resistente e rodas um pouco mais largas do que o usual.

NBA ver **Siglas e abreviações** p. 150

PAINTBALL De *paint* (tinta) e *ball* (bola). Esporte de combate e estratégia em que duas equipes adversárias se enfretam, lançando bolas de tinta com pistolas ou espingardas de ar comprimido. O objetivo do *paintball* é atingir o adversário, marcando suas roupas com tinta: cada equipe usa uma cor diferente para facilitar a identificação da origem do tiro. O *paintball* é praticado ao ar livre, em terrenos que simulam uma batalha real. Há várias modalidades de disputa: contagem de pontos, captura de líder, defesa de território e outras simulações de combate. Os equipamentos básicos para a prática do *paintball* são máscara para proteção do rosto, marcador (pistola ou espingarda de ar comprimido) e *paintballs* (pequenas cápsulas de gelatina com tinta).

PARAGLIDER De *para* (para) e *glider* (planador). O mesmo que "parapente". Modalidade esportiva de voo livre em que o praticante fica suspenso por uma espécie de paraquedas mais comprido e manobrável. Os praticantes de *paraglider* saltam do topo de montanhas. Decolam de uma forma muito parecida com a asa-delta e descem planando. Há também o *paraglider* (ou parapente) equipado com motor e hélice, também conhecido como "paramotor".

PERSONAL TRAINER ver **Ocupações e atividades** p. 138

PLAYOFF Jogo final de desempate que determina o vencedor de um campeonato ou torneio. *Playoff* é um termo usado em alguns esportes profissionais americanos, como o basquetebol, podendo também se referir a uma série de jogos finais que objetivam definir o time campeão, como é o caso dos *playoffs* (eliminatórias) da *NBA* (p. 161). A grafia com hífen *play-off* também é usada.

RAFTING Esporte em que os praticantes descem rios encachoeirados (corredeiras) utilizando botes infláveis e equipamentos de segurança. O termo *rafting* deriva da palavra *raft*, que em inglês significa "jangada ou bote inflável".

ROUND O mesmo que "assalto". Termo empregado no pugilismo para designar cada um dos períodos que compõem uma luta de boxe, conforme exemplificado na frase: "O pugilista foi nocauteado no terceiro *round*". Além desse significado, o anglicismo *round* é empregado em outro contexto, com o sentido de "rodada ou etapa" (mais um *round* de negociações).

SCORE Significa "pontuação ou placar". Número de pontos obtidos por cada jogador ou equipe em uma competição esportiva ou jogo de *video game* (p. 93). A palavra *score* também é sinônima de "nota ou resultado", conforme exemplificado na frase: "Ao final do teste o *site* informa o *score* do candidato". A forma aportuguesada "escore" é menos usual. Na língua inglesa, *score* é empregado como substantivo ou verbo. Como substantivo, tem os significados já explicados. Ex.: *What's the score?* (Qual é o placar?, Quanto está o jogo?). Como verbo, *score/scored/scored* significa "marcar pontos" em um jogo ou competição. Ex.: *He scored a three-pointer in the last few seconds of the game and his team won* (Ele fez uma cesta de três pontos nos últimos segundos do jogo e seu time ganhou). O verbo *score* também é empregado em inglês de forma coloquial, com o sentido de "transar". Ex.: *He told me he scored with her, but I think he's full of shit* (Ele me contou que transou com ela, mas eu acho que é tudo mentira).

SCUBA DIVING De *SCUBA* (abreviação em inglês de *Self-Contained Underwater Breathing Apparatus* – aparelho de respiração subaquática independente) e *diving* (mergulho). O mesmo que "mergulho autônomo". Atividade de lazer em que o praticante faz uso de equipamento de respiração (cilindro de ar comprimido) que permite respirar embaixo da água. A dica de inglês fica por conta do verbo *dive/dived/dived* (mergulhar) e da expressão *diving board* (trampolim de piscina).

SKATE Prancha pequena, provida de dois eixos com duas rodinhas cada, sobre a qual o skatista se equilibra e movimenta, dando impulso com um dos pés no chão. O anglicismo *skate* é uma abreviação do inglês *skateboard*, de *skate* (patim) e *board* (prancha). *Skate* também é o nome do esporte praticado com essa prancha, com a qual os skatistas costumam executar várias acrobacias. A grafia aportuguesada "esqueite" é menos usual. *Skateboard* (a prancha) e *skateboarding* (o esporte) são os termos usados na língua inglesa.

SLACKLINE De *slack* (frouxa, bamba) e *line* (linha, corda, fita). Esporte ou prática de lazer que consiste em andar sobre uma "corda bamba" (fita elástica de *nylon*, p. 97) esticada e presa entre dois pontos fixos, como duas árvores. O *slackline* exige muito equilíbrio do praticante, que pode também fazer manobras sobre a fita. A prática do *slackline* começou por volta de 1985 no Vale do Yosemite, nos Estados Unidos. No tempo livre entre uma escalada e outra, os alpinistas esticavam suas fitas e distraíam-se, tentando manter o equilíbrio sobre elas.

SMASH Anglicismo empregado no tênis. É quando o tenista golpeia fortemente a bola que está acima de sua cabeça para baixo, em um movimento semelhante ao de uma cortada no voleibol. Trata-se de um golpe de difícil defesa para o adversário, já que a bola entra na quadra com bastante velocidade e quica mais alto do que o normal. Na língua inglesa, *smash* (batida, colisão, golpe forte, ou algo de grande sucesso) funciona como substantivo, ou verbo: *smash/smashed/smashed* (bater, destruir, despedaçar, golpear). Confira o exemplo a seguir: *Ronny smashed the car into a tree, but fortunately was not hurt* (Ronny destruiu o carro em uma árvore, mas felizmente não se machucou).

SNORKEL Tubo de respiração adaptado à máscara de mergulho que permite que um mergulhador respire o ar acima da superfície aquática, sem que tenha que tirar a cabeça fora da água. O *snorkel* é um "respirador" usado em mergulhos sem botijões de ar comprimido (ver *scuba diving* p. 90). A grafia aportuguesada "esnórquel" é pouco usual. Termo de origem alemã (*schnorchel*) incorporado ao português através do inglês *snorkel.*

SNOWBOARD De *snow* (neve) e *board* (prancha). Esporte que consiste em descer encostas de montanhas cobertas de neve com uma prancha lisa, sem a ajuda de bastões. *Snowboard* também é o nome da prancha com a qual se pratica esse esporte. Observe que na língua inglesa o termo *snowboard* designa apenas a prancha, o esporte é chamado de *snowboarding.*

SPINNING ver **Marcas registradas** p. 95

SPRINT Anglicismo usado em atletismo para se referir à maior velocidade atingida por um corredor, especialmente ao final da prova, conforme exemplificado na frase: "O atleta fez um *sprint* espetacular na última volta e conseguiu a vitória". O verbo *sprint/sprinted/sprinted* em inglês significa correr, pedalar ou nadar a toda velocidade, por um curto período de tempo. Ex.: *The bicycle racers sprinted for the finish line* (Os ciclistas aceleraram para a reta final). Já o substantivo *sprint* refere-se a uma corrida normalmente curta e de alta velocidade.

SQUASH Esporte de raquete praticado por dois ou quatro jogadores (duas duplas), em quadra fechada de quatro paredes e piso de madeira. O *squash* consiste nos jogadores, posicionados lado a lado, baterem alternadamente com a raquete na bola de borracha, fazendo-a quicar em uma das quatro paredes. O nome *squash* está relacionado ao fato da pequena bola de borracha ser "esmagada" (*squashed*) quando atinge uma das paredes.

STAND-UP PADDLE De *stand-up* (ficar em pé, levantar-se) e *paddle* (remo). Esporte aquático praticado em praias, lagos e rios, em que o praticante fica em pé sobre uma prancha – mais larga e comprida do que uma prancha de surfe – e utiliza um remo para impulsioná-la e fazê-la deslizar pela água. O *stand-up paddle* teve origem no Havaí, na década de 1960.

STEP Exercício físico aeróbico praticado com o auxilio de uma pequena plataforma chamada *step* (degrau), usada para subir e descer, como se fosse um degrau, conforme exemplificado na frase: "Faz aulas de *step* duas vezes por semana para fortalecer os ossos, tendões e ligamentos das pernas e glúteos". Alguns dos benefícios associados à prática do *step* incluem também o aumento da resistência muscular, bem como a melhora da capacidade aeróbica e condicionamento cardiorrespiratório do praticante. A palavra *step* em inglês é empregada como verbo, *step/stepped/stepped* (pisar) e substantivo (passo, degrau, fase, etapa). É usada também na formação de palavras como *stepmother* (madrasta), *stepfather* (padrasto), *stepbrother* (meio-irmão) e outras. Vale lembrar que o pneu reserva, conhecido no Brasil como "estepe", em inglês chama-se *spare tire*. Confira a seguir um exemplo com a expressão informal *step on it* (pisar na tábua): *We'll never get to the airport on time if you don't step on it!* (Nunca chegaremos ao aeroporto a tempo, se você não pisar na tábua!).

SURFE/SURF A forma aportuguesada "surfe" é mais usual, apesar da grafia original em inglês ser ainda às vezes encontrada na mídia impressa e digital brasileira. Um dos significados originais da palavra *surf* na língua inglesa é "arrebentação de ondas na orla da praia", termo que com o tempo teria evoluído para designar também o esporte, que em inglês se chama *surfing* (surfe). A dica de inglês fica por conta do verbo *surf/surfed/surfed* (surfar), empregado para "surfar nas ondas ou navegar na internet". Ex.: *Tony spends hours surfing the web every day* (Tony passa horas navegando na internet todos os dias).

TIE-BREAK/TIEBREAK De *tie* (empate) e *break* (interrupção, quebra). O mesmo que "desempate". Anglicismo usado no tênis e no voleibol para se referir ao *set* (p. 42) extra, disputado para a definição do vencedor, após a partida ter ficado empatada nos *sets* anteriores. A forma *tiebreaker*, sinônimo de *tiebreak*, também é empregada nos países de língua inglesa. É oportuno lembrar que a palavra *tie*, em seu sentido mais corriqueiro, significa gravata. Ex.: *Jack sometimes wears a bow tie to work* (Jack às vezes usa gravata borboleta para ir ao trabalho).

TRAILER ver **Turismo e hotelaria** p. 209

TREKKING Prática que consiste em caminhadas ao ar livre, em contato com a natureza. Uma atividade física aeróbica e também uma forma de lazer. A palavra *trekking* foi incorporada ao português a partir da língua inglesa, mas teve a sua origem no idioma africâner, uma das línguas faladas na África do Sul. O termo *trekking* é etimologicamente associado à ideia de sofrimento e resistência física. Com efeito, o *trekking* é tido como uma prática que exige um bom condicionamento físico do praticante.

UFC ver **Siglas e abreviações** p. 150

VAR ver **Siglas e abreviações** p. 150

VIDEO GAME/VIDEOGAME Equipamento eletrônico que conectado a uma televisão ou tela de computador é usado para jogar jogos eletrônicos interativos. O anglicismo *video game* ou *videogame* também é empregado com o sentido do jogo eletrônico em si. Ver também *game* p. 85.

WAKEBOARD Esporte aquático em que o praticante utiliza uma prancha puxada por uma lancha, com o auxílio de um cabo e um manete. Além de ser menor e mais leve do que uma prancha de surfe, a prancha de *wakeboard* possui duas "botas" acopladas para que o praticante fique preso a ela. O termo *wakeboard* tem origem nas palavras *wake* (esteira, marola) e *board* (prancha). O praticante de *wakeboard* desliza sobre as marolas deixadas pela lancha à medida que ela se movimenta, fazendo diversos tipos de manobras. *Wakeboarding* é a grafia correta desse esporte aquático nos países de língua inglesa.

WARM-UP Do verbo *warm* (esquentar, aquecer). Anglicismo comumente empregado com o sentido de aquecimento antes de uma prática esportiva: "Antes da corrida fazemos sempre um *warm-up* para aquecer os músculos". Agora uma dica de inglês: *warm up* é um *phrasal verb* (verbo frasal) usual na língua inglesa. Ex.: *The pizza tasted good after I warmed it up in the oven* (A pizza ficou boa depois que eu a esquentei no forno).

WINDSURF De *wind* (vento) e *surf* (rebentação, ressaca, espuma de ondas). Esporte em que o praticante se desloca sobre a superfície da água, de pé, sobre uma prancha equipada com vela. A forma aportuguesada "windsurfe" é menos usual. *Windsurfing* é a grafia correta desse esporte aquático nos países de língua inglesa. Ex.: *Joe took up windsurfing a few years ago* (Joe começou a praticar *windsurf* poucos anos atrás).

WO ver **Siglas e abreviações** p. 150

MARCAS REGISTRADAS

BANDEIDE/BAND-AID Você alguma vez já parou para pensar sobre a origem do nome bandeide, aquele conhecido curativo adesivo, usado para proteger pequenos ferimentos? Essa palavra foi aportuguesada a partir da marca registrada de um dos curativos mais populares nos Estados Unidos, a *Band-Aid*. As palavras em inglês que formam o nome dessa marca, ***band*** (faixa, atadura) e ***aid*** (auxílio, ajuda), facilitam o entendimento do propósito desse produto, inventado em 1920 por um funcionário da Johnson & Johnson, empresa americana que o produz e distribui até hoje.

BOTOX Marca registrada de cosmético americano muito usado para prevenir e ocultar rugas faciais. Atualmente substância também utilizada no tratamento de alguns problemas de saúde, como o excesso de sudorese e bruxismo. O nome *Botox* é formado a partir da combinação das palavras ***botulin*** (botulina) e ***toxin*** (toxina), "toxina botulínica".

CHESTER Marca registrada da empresa Perdigão. Trata-se do frango com cochas e peito avantajados e, de acordo com a empresa, com baixo teor de gordura. O frango *chester* chegou ao mercado brasileiro em 1982, após ser desenvolvido a partir do cruzamento de linhagens de galinhas pelo frigorífico Perdigão, ao longo de três anos. Ao lado do peru e do *tender* (p. 21), o *chester* é um dos pratos tradicionais das refeições natalinas brasileiras. O nome *chester* teria surgido da junção da palavra *chest* (peito) com a forma comparativa em inglês *er* (mais), sugerindo a ideia de "mais peito".

CROSSFIT Marca registrada de programa de treinamento físico desenvolvido pelo ginasta americano Greg Glassman. Greg abriu a sua primeira academia em Santa Cruz, na Califórnia, em 1995, mas a marca *Crossfit* só foi oficialmente registrada em 2000. O método de treinamento desenvolvido por Greg consistia de exercícios funcionais de alta intensidade, com foco no condicionamento físico de uma forma ampla. Os treinos de *crossfit* duram em média sessenta minutos e são normalmente divididos em aquecimento (ver *warm-up* p. 94) e *WOD*, abreviação de *Workout of the Day* (treino do dia). Atualmente existem mais de dez mil academias afiliadas a CrossFit Inc., espalhadas por mais de cem países.

DATASHOW Aparelho multimídia que conectado a um computador projeta textos, ilustrações, gráficos, fotos e vídeos em um telão ou diretamente na parede. O *datashow* é um equipamento muito usado por palestrantes em diversos tipos de eventos por facilitar a apresentação e a assimilação de conteúdo. O curioso é que a palavra *datashow* não é usada nos países anglófonos, onde alguns termos equivalentes seriam *LCD projector**, *multimedia projector*, *data projector* ou simplesmente *projector*. O nome *datashow* é uma marca registrada da empresa Kodak, palavra que parece ter pegado no Brasil com o sentido de "projetor multimídia".

DOLBY *Dolby Stereo* e *Dolby Digital* são expressões familiares para os amantes de cinema. A marca registrada *Dolby* tem origem no nome do engenheiro americano Ray M. Dolby (1933-2013), fundador da empresa Dolby Laboratories, na qual desenvolveu um sistema eletrônico de redução de ruído, o que contribuiu bastante para a melhoria da qualidade sonora nas salas de cinema. A tecnologia desenvolvida pela Dolby Laboratories é também muito utilizada em *home theaters* (p. 34) e filmes em *DVD* (p. 153) e *Blu-ray* (p. 188).

FRISBEE Disco de plástico, com diâmetro aproximado de 22 centímetros, usado como forma de entretenimento. Seu formato circular faz com que ele plane ao ser lançado em rotação, daí ele ser usado como jogo, por uma

**LCD: Liquid Crystal Display* (monitor de cristal líquido p. 159)

ou mais pessoas que o lançam e tentam pegá-lo ainda no ar, antes que ele caia no chão. Walter Frederick Morrison é considerado um dos principais inventores do brinquedo que hoje é chamado *frisbee*. Em 1948 ele e seu sócio Warren Franscioni criaram uma versão plástica do disco, que chamaram de *flying saucer* (disco voador). Mais tarde, em 1955, Morrison fez uma versão melhorada do disco, deu a ele o nome de *Pluto Platter* e vendeu os direitos do produto para a companhia de brinquedos americana Wham-O. Alguns anos depois a empresa Wham-O decidiu registrar a marca *Frisbee*, mudando assim o nome do disco.

O nome *frisbee* está relacionado à Frisbie Pie, uma loja de tortas aberta por William Frisbie em Connecticut, no leste dos Estados Unidos. Segundo consta, estudantes de universidades próximas à loja se divertiam arremessando fôrmas de tortas no ar. Para alertar as pessoas ao redor gritavam *"frisbie"*, o nome impresso nas fôrmas da loja Frisbie Pie. A grafia *frisbee* (e não *frisbie*) foi uma adaptação intencional da empresa, a fim de evitar complicações judiciais. Vale lembrar que hoje em dia é comum ver pessoas brincando de *frisbee* em praias e parques de todo o mundo. A dica de inglês fica por conta da palavra *pie* (torta), ex.: *The chicken pie is yummy!* (A torta de frango está uma delícia!).

JEEP/JIPE Veículo pequeno e resistente, com tração nas quatro rodas, fabricado originalmente em 1942 para ser usado pelo exército americano durante a Segunda Guerra Mundial (1939-1945). O nome da marca registrada *Jeep* surgiu a partir da pronúncia em inglês das iniciais *GP*, abreviação de *General Purpose* (em tradução livre "para todos os usos"), já que a intenção era ter um veículo robusto adequado também para terrenos acidentados. A versatilidade e resistência desse veículo fizeram com que ele caísse no gosto das pessoas e continuasse a ser fabricado com graduais inovações após o período de guerra. O "jipe", forma aportuguesada de *jeep*, é até hoje um sucesso e sinônimo de automóvel *off-road* (p. 24).

LYCRA Marca registrada de fibra têxtil de grande elasticidade, similar ao elastano. A *lycra* é muito utilizada na confecção de maiôs, biquínis, *legging* (p. 215), roupas de ginástica e outros trajes.

NYLON Marca registrada de material sintético, elástico e resistente, feito a partir da poliamida (resina) e usado na confecção de tecidos, plásticos, cerdas, etc. Há várias versões a respeito da origem da palavra *nylon*. Segundo uma delas, o nome *nylon* teria surgido a partir da junção das iniciais de New York com as três primeiras letras de London, já que a fábrica que originalmente produziu o material tinha sede tanto em Nova York quanto em Londres. A grafia aportuguesada "náilon" também é usual.

POST-IT De *post* (afixar, postar) e *it* (ele, ela, algo – pronome). Pequeno pedaço de papel (tradicionalmente na cor amarela) com borda colante, usado para escrever lembretes temporários e afixar em lugares de fácil visualização, como na extremidade da tela de computador, na porta de geladeira, etc. O popular "bilhetinho autocolante" foi criado e patenteado pela empresa americana 3M, sendo comercializado em mais de 100 países hoje em dia.

PYREX/PIREX Recipiente de uso doméstico, de vários formatos (travessa, pote, prato, etc.), feito de vidro resistente ao calor. A denominação *pirex* é uma corruptela de *Pyrex*, marca registrada da empresa americana Corning Incorporated, fabricante de vidros e cerâmicas que desenvolveu esse material. *Pyrex* é o nome empregado nos países anglófonos para se referir a esse tipo de vidro resistente a altas temperaturas: *a Pyrex glass pitcher* (uma jarra de vidro pirex), *a set of Pyrex dishes* (um jogo de pratos de vidro pirex), *a Pyrex container* (um recipiente de vidro pirex).

RAY-BAN De *ray* (raio) e *ban* (impedimento, vedação). Marca americana famosa de óculos de sol, com lentes de cor esverdeada, e também de grau. Os primeiros óculos de sol *Ray-ban* foram criados para os pilotos da força aérea americana em 1937 e tinham como objetivo reduzir a incidência de raios infravermelhos e ultravioletas nos olhos. A intenção era proteger os olhos dos pilotos durante os voos, já que a visibilidade era às vezes prejudicada pelo efeito dos raios solares. A partir de então, os óculos de sol *Ray-ban* ganharam gradualmente popularidade, devido ao fato de pessoas famosas os usarem, como é o caso do general McArthur, durante a Segunda Guerra Mundial (1939-1945). A indústria cinematográfica de Hollywood também ajudou a popularizar a marca através de suas estrelas de cinema, que apareciam em muitos dos filmes usando óculos *Ray-ban*.

ROBOFOOT É como é conhecida a bota imobilizadora ortopédica, utilizada na recuperação de lesões ou fraturas no pé ou tornozelo. Sua função é imobilizar o local lesionado. *Robofoot* é marca registrada da empresa Salvapé Produtos Ortopédicos Ltda. A palavra *robofoot* não é empregada nos países anglófonos, é uma invenção brasileira que pode ter sido criada a partir da junção das palavras robô e *foot* (pé).

SEGWAY Marca registrada de "veículo individual elétrico", com duas rodas lado a lado, idealizado para a locomoção em trajetos curtos e muito utilizado por seguranças de *shopping centers* (p. 60). Criado pelo engenheiro americano Dean Kamen em 2001, o *Segway* surgiu como um veículo revolucionário e até futurista, podendo ser controlado apenas com a inclinação do corpo do usuário. Apesar do grande impacto de seu lançamento, o *Segway* deixou de ser fabricado em julho de 2020, já que o mercado de transporte entre curtas distâncias vem sendo dominado nos últimos anos pelas *scooters* (p. 60) e bicicletas elétricas.

SPINNING Marca registrada da companhia americana Mad Dogg Athletics, uma empresa do ramo de saúde e *fitness* (p. 84) que desenvolveu bicicletas estáticas para exercícios físicos, bem como aulas de ciclismo *indoor* (p. 86). O termo *spinning* tornou-se sinônimo de atividade física aeróbica praticada em bicicleta estática, uma modalidade de exercício oferecida em muitas academias de ginástica ao ritmo de música. O *spinning* trabalha principalmente os músculos das pernas e dos glúteos. Em inglês, existe o verbo *spin/span/spun* (girar, rodar) e a expressão informal *go for a spin* (dar um giro). Confira o exemplo a seguir: *Teddy likes to go for a spin in his convertible on sunny weekends* (Teddy gosta de dar um giro em seu conversível em fins de semana ensolarados).

TUPPERWARE Marca registrada de "recipiente plástico com tampa hermética", comumente utilizada para guardar alimentos. O nome *tupperware* é formado a partir da junção da palavra *tupper*, sobrenome do inventor do produto (Earl Tupper) com o sufixo *ware*, usado em inglês para designar um tipo de produto ou uma utilidade específica. Há várias palavras na língua inglesa formadas com o sufixo *ware*. Alguns exemplos comuns são *tableware* (talheres, louça e outros utensílios de mesa); *kitchenware* (utensílios para cozinha); *silverware* (talheres, prataria) e *houseware* (utensílios domésticos). Veja a seguir alguns anglicismos com o sufixo *ware* usados no Brasil e explicados neste livro: *software* (p. 204); *hardware* (p. 194); *freeware* (p. 193); *shareware* (p. 202) e *malware* (p. 198).

WALKMAN Aparelho já há muito tempo ultrapassado, dotado de fones de ouvido, usado para escutar fitas cassete e rádio. De certa forma pode-se dizer que o *walkman* é o precursor do *iPOD* (p. 157). *Walkman* é uma marca registrada da empresa Sony Corporation, que alguns anos mais tarde também lançaria de forma pioneira no mercado o *Discman*, leitor de CDs portátil que substituiu o *walkman*.

MARKETING, PUBLICIDADE E PROPAGANDA

BANNER "Painel publicitário" em forma de faixa ou bandeira, produzido em tecido, plástico ou papel e pendurado em fachadas, exposições ou pontos de venda para a divulgação de um produto, evento ou serviço. Há também o *banner* virtual na *internet* (p. 196), criado para promover um produto, evento ou serviço e que normalmente tem um *link* (p. 197) para a página do anunciante.

BOOK TRAILER/BOOKTRAILER É fácil chegar ao significado desse anglicismo a partir das palavras que o formam: *book* (livro) e *trailer* (trailer), ou seja, é o *trailer* (p. 211) de um livro. Esta é uma estratégia adotada para a divulgação de livros ou *e-books* (p. 153) nas mídias sociais: vídeo curto que conta um pouco sobre um livro (assunto, pontos principais, curiosidades), estimulando potenciais leitores a adquiri-lo.

BUTTON Anglicismo empregado no Brasil para designar uma espécie de broche, normalmente redondo, com algum símbolo, *slogan* (p. 105) político ou desenho, indicando adesão a alguma causa ou movimento. *Button* também é usado com esse sentido nos Estados Unidos, como sinônimo de *campaign button*, além de seu significado mais usual na língua inglesa que é "botão". As formas "botton ou bóton" são pouco usuais.

COLLAB ver **Siglas e abreviações** p. 150

COPYWRITING Criação de textos persuasivos voltados para ações de marketing, publicidade e vendas. Uma estratégia muito utilizada em *market-*

ing digital. O *copywriter*, profissional responsável por esse trabalho, normalmente escreve textos para redes sociais, *sites*, *blogs*, anúncios *offline* e *online*. A forma abreviada *copy* é usada como sinônimo de *copywriting*.

DISPLAY "Mostruário" colocado estrategicamente em pontos-chave de um estabelecimento comercial, utilizado para expor produtos com destaque. *Display* também é sinônimo de "peça de publicidade", normalmente um cartaz montado em estrutura de papelão, colocado em balcão ou vitrine, com o objetivo de promover um produto ou serviço. Além disso, o anglicismo *display* é empregado para se referir ao mostrador ou visor de aparelhos eletrônicos ou de informática, em que é possível ler informações sobre o seu funcionamento. O verbo *display/displayed/displayed* é empregado na língua inglesa com o sentido de mostrar, exibir ou demonstrar. Confira o exemplo a seguir: *The new player displayed great skill during the tournament and even scored two goals* (O novo jogador demonstrou grande habilidade durante o torneio e até marcou dois gols).

FLYER "Folheto ou impresso promocional" usado na divulgação de produtos, serviços ou eventos, conforme exemplificado na frase: "Eles estão pensando em distribuir *flyers* em prédios residenciais para divulgar o serviço de passeador de cachorro".

FOLDER Palavra formada da junção do verbo *fold* (dobrar) com o sufixo *er*, empregado em inglês para transformar um verbo em substantivo, sugerindo a ideia de "algo que dobra". Com efeito, o anglicismo *folder* é sinônimo de "impresso ou prospecto publicitário" com uma ou mais dobras. A forma aportuguesada com acento circunflexo "fôlder" também é usada. A palavra *folder* também é empregada na língua inglesa com o sentido de pasta de papelão, ou outro material, para armazenar folhas avulsas. Ex.: *Use this folder for loose papers* (Use esta pasta para folhas soltas).

FRONTLIGHT ver **Pseudoanglicismos** p. 145

JINGLE "Anúncio publicitário musical", veiculado em rádio e televisão. Os *jingles* normalmente são curtos e de fácil memorização.

JOB Jargão usado em publicidade para se referir a uma tarefa ou trabalho específico feito para um cliente pela agência publicitária, como a criação de um *layout* (p. 34), de um *outdoor* (p. 104) ou a redação de um texto publicitário.

LAYOUT ver **Casa e mobiliário** p. 32

MAILING Também chamado de "cadastro, lista de contatos ou banco de dados". É a lista com os nomes, endereços, *e-mails* (p. 154) e outras informações sobre os clientes e clientes potenciais (ver *prospect* p. 105) de uma empresa. As empresas utilizam o *mailing* em ações de marketing direto. O anglicismo *mailing* é a forma abreviada de *mailing list*.

MARKETING "Conjunto de técnicas e estratégias comerciais" que visam otimizar os lucros de uma empresa através do planejamento, criação e adequação de produtos ou serviços que satisfaçam as necessidades dos consumidores. O *marketing* utiliza estratégias como pesquisas de mercado, campanhas publicitárias e promoções junto aos consumidores. Embora exista a palavra "mercadologia", empregada nesse mesmo contexto, *marketing* é a palavra mais usual no ambiente corporativo brasileiro. Por extensão, o anglicismo *marketing* faz referência à divulgação ou publicidade feita em benefício de um produto, serviço, ideia, lugar ou pessoa. Termo associado ao vocábulo *market*, que em inglês é usado como substantivo (mercado) ou verbo (anunciar, promover um produto).

MERCHANDISING "Ação promocional de um produto feita de forma sutil", através da exibição ou menção do produto em um filme ou programa de televisão, como é o caso das telenovelas. Termo conhecido informalmente como *merchan*. Nesse sentido, usa-se nos Estados Unidos a expressão *product placement*. Ex.: *The entertainment industry has been using product placement as a promotional tool for decades* (A indústria do entretenimento tem usado o *merchandising* como ferramenta promocional há décadas). O uso original do termo *merchandising* na língua inglesa tem a ver com as estratégias de promoção de produtos, em especial nos pontos de venda, sentido que também é empregado no Brasil.

MIX Do verbo *mix/mixed/mixed* (misturar, mesclar). Anglicismo empregado no Brasil como sinônimo de mistura ou variedade, conforme exemplificado na frase: "A loja oferece um *mix* de produtos que procura atender as necessidades de todos os consumidores".

NEWSLETTER De *news* (notícias) e *letter* (carta). Boletim com informações atualizadas sobre um determinado tópico ou área profissional. Enviado com periodicidade específica a seus assinantes, por *e-mail* (p. 154) ou outra forma eletrônica. As *newsletters* também são utilizadas para divulgar produtos ou serviços.

OFF Termo visto com frequência nas vitrines de lojas que estão liquidando seus produtos. *Off* indica o percentual de desconto oferecido pela loja, conforme exemplificado na frase: "Compre pelo *site* e ganhe 10% *off*". A expressão "em *off*", uma abreviação do inglês *off-the-record* (que não deve ser gravado ou publicado) faz referência a um assunto sigiloso ou confidencial: "Ele me contou em *off* que o diretor da empresa será demitido". Há também a narração "em *off*", recurso empregado no cinema, teatro ou televisão. Nesse caso ouve-se apenas a voz do narrador que não aparece em cena. Por último, mas não menos importante, vale lembrar que *off* também significa "desligado", uma palavra comumente vista em aparelhos elétricos e eletrônicos.

OUTDOOR "Cartaz ou painel de propaganda" de grandes dimensões, exposto ao ar livre em vias urbanas e estradas movimentadas. O anglicismo *outdoor* foi incorporado ao português a partir da abreviação da expressão *outdoor advertising* (propaganda ou publicidade ao ar livre). O termo equivalente nos Estados Unidos é *billboard*. Ex.: *Their advertising campaign includes billboards and online ads* (A campanha publicitária deles inclui *outdoors* e anúncios virtuais). A palavra *outdoor* na língua inglesa é empregada como adjetivo ou advérbio (*outdoors*). Confira os exemplos a seguir: *Fishing and hiking are outdoor activities* (Pescar e fazer trilha são atividades ao ar livre). *Jessica's kids love to play outdoors* (Os filhos da Jessica adoram brincar ao ar livre). Além disso, existe a expressão *the outdoors*, uma referência às atividades ao ar livre: *Justin often goes camping, he just loves the outdoors!* (Justin vai acampar com frequência, ele adora atividades ao ar livre!).

POP-UP Pequena janela que se abre inesperadamente ao visitar um *site* (p. 203). O *pop-up* é utilizado para acrescentar informações relevantes ao conteúdo do *site* visitado e também promover algum produto ou serviço. Há também os livros *pop-up*, em que as imagens e desenhos parecem saltar das páginas, "ganhando vida" à medida que os folheamos. Em inglês existe o *phrasal verb* (verbo frasal) *pop/popped/popped up* (surgir, aparecer). Ex.: *Terry's friends were a little scared when he popped up out of nowhere* (Os amigos do Terry ficaram um pouco assustados quando ele apareceu do nada).

PROSPECT "Cliente em potencial", conforme exemplificado na frase: "Os representantes comerciais de nossa empresa são responsáveis pela prospecção comercial ativa por telefone, visitas a *prospects* e fechamento de contratos".

RELEASE Forma abreviada de *press release*. Matéria informativa distribuída à imprensa com informações a respeito de um evento (lançamento de um livro, filme, notícias sobre novos produtos ou serviços, etc.). O objetivo de um *release* é facilitar o trabalho de divulgação dos jornalistas. Os *releases* normalmente são elaborados por empresas de assessoria de imprensa ou relações públicas.

SALE O mesmo que "liquidação". Venda de mercadorias a preços reduzidos. Assim como o anglicismo *off* (p. 104), *sale* é uma palavra que se vê com frequência nas vitrines de lojas que estão liquidando seus produtos. A dica fica por conta da diferença em inglês entre as expressões *for sale* (à venda) e *on sale* (em liquidação). Confira as frases contextualizadas a seguir: *Everything in the store is for sale* (Tudo na loja está à venda). *Some items in the store are on sale* (Alguns itens na loja estão em liquidação).

SHOWROOM ver **Mundo corporativo** p. 108

SLOGAN Frase curta e de fácil memorização, usada em propaganda comercial, política ou vinculada a um produto, movimento ou empresa. Tenho certeza que você vai lembrar pelo menos de alguns dos *slogans* abaixo:

"Uma boa ideia" (Caninha 51)

"Tomou Doril a dor sumiu" (Doril)
"É impossível comer um só" (Cheetos)
"Vale por um bifinho" (Danoninho)
"Tem 1001 utilidades" (Bombril)
"A verdadeira maionese" (Hellmann's)
"Se é Bayer é bom" (Bayer)
"Amo muito tudo isso" (Mc Donalds)
"Você conhece, você confia" (Volkswagen)
"É gostoso e faz bem" (Kibon)

SPOT Anúncio publicitário falado de curta duração que consiste de locução e às vezes outros efeitos sonoros como fundo musical. Esses *spots* comerciais são normalmente inseridos entre programas de rádio. O anglicismo *spot* também designa a luminária de ambientes que direciona a luz a uma área localizada.

STAND ver **Mundo corporativo** p. 108

TARGET O mesmo que "público-alvo" (*target audience*) de uma campanha publicitária. Segmento de consumidores ao qual é dirigida a campanha. Na língua inglesa, *target* também significa alvo ou objetivo. Confira os exemplos a seguir: *He aimed at the target and pulled the trigger* (Ele mirou no alvo e puxou o gatilho). *Their target is to have a 10% growth in the third quarter* (O objetivo deles é ter um crescimento de 10% no terceiro trimestre).

TEASER "Breve mensagem publicitária", em TV, rádio, mídia impressa e digital, que objetiva despertar a curiosidade do público para algum produto ou serviço que será divulgado posteriormente. O anglicismo *teaser* é ainda empregado com o sentido de pequeno trecho de programa de TV, inserido no intervalo comercial, para aguçar a curiosidade do telespectador sobre o que será transmitido mais tarde ou em breve. Termo formado da junção do verbo *tease* (provocar, atiçar) com o sufixo *er*, que transforma um verbo em substantivo, transmitindo a ideia de algo que provoca o interesse do telespectador, ouvinte ou leitor.

TELEMARKETING De *telephone* (telefone) e *marketing* (p. 103). Venda de produtos ou serviços através do telefone.

TEMPLATE Anglicismo empregado em *marketing* digital para se referir a um modelo (molde digital) com estrutura predefinida, sobre o qual o conteúdo pode ser editado. O uso de *templates* facilita o trabalho do profissional de *marketing* digital, permitindo que o mesmo foque no conteúdo que pretende divulgar. Os *templates* são utilizados em campanhas de *e-mail* (p. 154), *newsletters* (p. 104), relatórios e outros.

TOP OF MIND Expressão empregada em *marketing* (p. 103) empresarial para se referir às "marcas mais lembradas" pelo público consumidor. Termo formado pelas palavras *top* (topo), *of* (da) e *mind* (mente). A expressão *top of mind* passou a ser conhecida dos brasileiros a partir da década de 1990, quando a Datafolha (Instituto de Pesquisas do Grupo Folha) instituiu uma pesquisa com o objetivo de descobrir quais são as marcas mais lembradas pelos brasileiros em dezenas de categorias de produtos e serviços. Essa pesquisa vem ocorrendo anualmente e gera a premiação *Top of Mind* para as marcas mais lembradas no país.

TRADE MARKETING O mesmo que *marketing* (p. 103) comercial, em tradução livre. São as estratégias de *marketing* que visam potencializar as vendas dos produtos de uma empresa em variados pontos de venda. O *trade marketing* está apoiado na relação dos fabricantes com os distribuidores e seus canais de venda, daí a importância de entender as necessidades dos distribuidores e dar suporte aos seus pontos de venda, valorizando assim o trabalho deles como importantes parceiros comerciais.

MUNDO CORPORATIVO

APPROACH Maneira de abordar ou lidar com uma situação. Alguns sinônimos desse anglicismo são "abordagem, enfoque ou atitude".

ASAP ver **Siglas e abreviações** p. 150

B2B ver **Siglas e abreviações** p. 150

B2C ver **Siglas e abreviações** p. 150

BACKOFFICE De *back* (detrás, na parte de trás) e *office* (escritório), sugerindo a ideia de "serviços de retaguarda". São as tarefas operacionais e administrativas de uma empresa. O *backoffice* dá suporte aos funcionários que estão diretamente envolvidos com os clientes e atuam na linha de frente.

BENCHMARKING Processo de avaliação e adoção das melhores práticas da concorrência, visando a busca pela excelência. As empresas sabem que fazer *benchmarking* é crucial para a melhoria contínua de seus padrões e procedimentos, e que uma boa forma de fazer isso é observar e avaliar atentamente o que os concorrentes estão fazendo.

BEST-SELLER Anglicismo empregado no Brasil com o sentido de livro que é sucesso de vendas: "O livro se tornou um *best-seller* em poucos meses"; ou para se referir ao autor de um *best-seller*: "Ela é uma escritora *best-seller* muito conhecida em seu país". Por extensão, o termo *best-seller* é usado de forma ampla para se referir a outros produtos campeões de vendas. Em inglês, a grafia *bestseller* (sem hífen) é mais usual.

BITCOIN Termo formado da junção das palavras *bit* (p. 187) e *coin* (moeda). Trata-se de uma das mais conhecidas "moedas digitais" (criptomoedas), criada para uso em transações *online* (p. 200). Introduzida no mercado em 2008, a *bitcoin* existe apenas em formato eletrônico. Assim como a bitcoin, as várias criptomoedas disponíveis no mercado hoje em dia são negociadas através da tecnologia *blockchain* (p. 109).

BLOCKCHAIN Espécie de "registro virtual" em que são armazenados todos os dados sobre uma determinada transação, como é o caso das criptomoedas. As informações são armazenadas em blocos, daí o nome *blockchain*, formado pelas palavras *block* (bloco) e *chain* (cadeia). Os registros criptografados da transação são acessíveis a todos os usuários do sistema, ou seja, há total transparência, o que torna o conceito *blockchain* confiável e seguro. A tecnologia *blockchain* surgiu em 2008 juntamente com a *bitcoin* (p. 109), a primeira criptomoeda criada no mundo. Apesar de estar fortemente associada à *bitcoin*, vislumbra-se um leque de cenários onde essa tecnologia poderá ser aplicada futuramente, como por exemplo, no mercado financeiro, em registros de imóveis e automóveis, prontuários médicos, diplomas e históricos escolares, passaportes e outros documentos de identificação.

BLUE CHIP Ação de rentabilidade segura e de fácil liquidez, emitida por empresas com uma excelente reputação no mercado financeiro. A denominação *blue chip* tem origem nos cassinos americanos, onde no jogo de pôquer as fichas azuis (*blue chips*) são as mais valiosas.

BOARD O mesmo que diretoria ou conselho administrativo, conforme exemplificado na frase: "O *board* se reuniu em caráter extraordinário para deliberar sobre alguns assuntos pendentes". Em inglês, *board* pode ser substantivo (diretoria, tábua, placa, quadro, lousa, tabuleiro, refeições) ou verbo, *board/boarded/boarded* (embarcar). Confira os exemplos contextualizados a seguir: *The scholarship includes accommodation and board* (A bolsa de estudos inclui acomodação e refeições). *We're boarding through gate 45* (Vamos embarcar pelo portão 45).

BOOM Estado de alta atividade econômica, Ex.: "A economia brasileira está vivendo um *boom*". Anglicismo frequente em textos relativos à economia e negócios em que há referência ao aquecimento de atividade econômica. *Boom* é empregado no Brasil como sinônimo de "expansão, crescimento rápido e prosperidade". Além de substantivo, é também um verbo em inglês. Ex.: *Business is booming* (Os negócios estão indo de vento em popa).

BOSS O mesmo que "chefe". Anglicismo empregado informalmente conforme exemplificado na frase: "O *boss* disse ontem na reunião que talvez tenhamos que fazer hora extra para concluir o projeto dentro do prazo". Diz-se também às vezes *big boss*, que equivale a "chefão" em português. A dica de inglês fica por conta do *phrasal verb* (verbo frasal) *boss around*, que significa "dar ordens, tratar alguém como empregado". Confira a frase contextualizada a seguir: *I won't put up with you bossing me around all the time* (Não vou tolerar você me tratando como empregado o tempo todo).

BOY ver **Pseudoanglicismos** p. 145

BRAINSTORMING Duas palavras que compõem o termo *brainstorming* ajudam a desvendar o seu significado: *brain* (mente) e *storm* (tempestade). Entenda-se por "mente" o que está dentro dela (ideias) e assim chegamos à "tempestade de ideias". Com efeito, *brainstorming* é uma dinâmica de grupo, adotada por várias empresas, em que os participantes contribuem espontaneamente com ideias e sugestões. O objetivo de uma sessão de *brainstorming* é encontrar solução para um problema, desenvolver ou aperfeiçoar um produto ou conceber um projeto inovador e criativo. Além da grafia *brainstorming*, empregada nos países de língua inglesa, a forma *brainstorm* também está presente na mídia impressa e digital brasileira.

BREAKEVEN POINT O mesmo que "ponto de equilíbrio" financeiro. Termo que define o momento em que a receita de uma empresa tem valor igual às despesas, ou seja, não há lucro nem prejuízo. Em inglês, existe também a forma verbal *break even* (atingir o ponto de equilíbrio, empatar). Confira o exemplo a seguir: *It took only a few months for Emily's new business to break even* (Levou apenas alguns meses para o novo negócio da Emily atingir o ponto de equilíbrio).

BRIEFING "Informações ou instruções" passadas previamente para alguém, antes que uma tarefa seja executada. O anglicismo *briefing* fez surgir no Brasil o neologismo "brifar", com o sentido de colocar alguém a par de algum assunto ou transmitir as informações necessárias para que um determinado trabalho seja feito. No contexto militar, *briefing* é sinônimo de reunião em que instruções táticas e estratégicas são transmitidas aos participantes de uma missão que está prestes a ser colocada em prática.

BUDGET O mesmo que "orçamento". Um anglicismo familiar para muitos executivos brasileiros. Para você que deseja melhorar o seu inglês aqui vai uma dica: além desse uso mais comum, *budget* funciona também como um adjetivo na língua inglesa, com o sentido de "econômico", "barato", "de baixo custo". Ex.: *I travel with a budget airline whenever I can* (Viajo com uma empresa aérea econômica sempre que posso).

BURNOUT Síndrome caracterizada pelo "esgotamento físico e mental" decorrente de condições exaustivas de trabalho. A síndrome de *burnout*, também conhecida como "síndrome do esgotamento profissional", resulta do excesso de trabalho, bem como de atividades profissionais emocionalmente estressantes e que demandam muita responsabilidade. O termo *burnout* é formado da junção do verbo *burn* (queimar) com a preposição *out* (fora, apagado), transmitindo a ideia de "queima completa, esgotamento ou colapso". Em inglês, existe também o *phrasal verb* (verbo frasal) *burn out*. Ex.: *Working so hard will cause him to burn out* (Trabalhar tanto assim vai deixá-lo esgotado).

BUSINESS Anglicismo usual no mundo corporativo brasileiro, presente em expressões como *business plan* (plano de negócios), *business intelligence* (inteligência empresarial), *e-business* p. 153 (negócio eletrônico) e outras. O substantivo *business* é empregado em conjunto com várias outras palavras na língua inglesa: *businessman* (homem de negócios, executivo), *business card* (cartão de visitas), *business day* (dia útil), *business deal* (acordo comercial), *business hours* (horário de funcionamento), *core business* (negócio principal) e outras. Além disso, duas expressões idiomáticas muito usuais são formadas a partir do substantivo *business*: *Mind your own business* (Cuide da sua vida) e *It's none of your business* (Não é da sua conta).

CALL CENTER De *call* (ligação telefônica, chamada) e *center* (centro). O mesmo que "central de chamadas ou central de atendimento": o departamento de uma empresa (que pode ser terceirizado) onde um grande número de funcionários faz e recebe ligações telefônicas. Alguns dos serviços prestados em um *call center* incluem suporte técnico, esclarecimento de dúvidas e pesquisas de satisfação de clientes, entre outros. Ver também *contact center* p. 114.

CAPEX ver **Siglas e abreviações** p. 150

CASE O mesmo que "caso de sucesso". Pode ser a criação ou aperfeiçoamento de um produto ou serviço, uma nova estratégia corporativa ou qualquer outro aspecto relevante que tenha contribuído para o sucesso de uma empresa. A apresentação de um *case* objetiva demonstrar como o negócio foi conduzido e como as dificuldades foram contornadas, de tal forma que as pessoas possam extrair algum aprendizado a partir dessa experiência. Além disso, a exposição de um caso de sucesso visa também promover um produto ou serviço e muitas vezes é o fator decisivo para que um cliente escolha uma determinada empresa. O anglicismo *case* é empregado ainda em outro contexto, como sinônimo de capa ou capinha para proteção de *tablet* e telefone celular: "Comprou um *case* para proteger o novo *smartphone* de riscos e arranhões".

CASHBACK De *cash* (dinheiro em espécie, dinheiro vivo) e *back* (de volta). Programa de incentivo em que o cliente recebe de volta uma parcela do valor gasto na compra de algo, daí o nome *cashback*, em tradução livre "dinheiro de volta". Trata-se de uma estratégia de vendas utilizada por empresas de cartão de crédito, *fintechs* (p. 117) e lojas *online* para atrair clientes e incentivá-los a fazer novas compras.

CASH-FLOW O mesmo que "fluxo de caixa". Anglicismo empregado para se referir ao movimento de entrada e saída de dinheiro. Um termo familiar para os profissionais da área financeira.

CEO ver **Siglas e abreviações** p. 150

CIRCUIT BREAKER A expressão *circuit breaker*, em tradução livre "interruptor de circuito", é usada em eletricidade, para se referir ao disjuntor que desarma a corrente de um circuito elétrico sobrecarregado. É também empregada de forma análoga no mercado mundial de ações, para se referir ao mecanismo que interrompe as negociações na bolsa de valores, em caso de movimentos bruscos de mercado que possam deixar os investidores em pânico. É uma forma de proteger os investidores e o mercado financeiro. No Brasil o *circuit breaker* é utilizado pela B3 (sigla de Brasil, Bolsa e Balcão, a Bolsa de Valores do Brasil, sediada em São Paulo), sendo ativado e paralisando as negociações por 30 minutos quando o índice IBOVESPA atinge uma queda de 10% ou mais. No caso do IBOVESPA cair 15% ou mais, as negociações no pregão são suspensas por uma hora. Em um terceiro cenário, no caso do IBOVESPA cair 20% ou mais, as negociações são paralisadas por prazo a ser definido pela B3.

COACH ver **Ocupações e atividades** p. 138

COACHEE Pessoa que está passando pelo processo de *coaching* (p. 113), ou seja, que está sendo aconselhada, orientada ou treinada por um *coach* (p. 139).

COACHING "Consultoria" que envolve orientação, aconselhamento e treinamento, em que um *coach* (p. 139) ajuda o seu cliente a alcançar seus objetivos profissionais ou pessoais. A partir de um diagnóstico inicial e de metas estabelecidas pelo *coachee* (p. 113), o *coach* apresenta estratégias e sugere mudanças, acompanhando e incentivando o seu cliente a superar limitações, maximizando assim o seu potencial. Há vários tipos de *coaching*, como é o caso do *coaching* esportivo, *coaching* de carreira e *coaching* financeiro, entre outros.

COMMODITY Matéria-prima em estado bruto ou qualquer produto primário agrícola, mineral ou vegetal, produzido em larga escala e destinado à exportação. Alguns exemplos típicos de *commodities* são o açúcar, a soja, o trigo, o café e o petróleo, entre outros. O preço da *commodity* é regulado pela relação entre oferta e procura, sendo que alguns tipos de *commodity* podem ser negociados na Bolsa de Valores. Ver também *trader* p. 129.

COMPLIANCE Anglicismo empregado no âmbito corporativo brasileiro com o sentido de "conformidade". O substantivo *compliance* em inglês é formado a partir do verbo *comply*, que significa obedecer às leis, agir de acordo com as regras e estar em sintonia com as normas. Com efeito, o departamento de *compliance* de uma empresa assegura que ela está em conformidade com as obrigações fiscais, contábeis, trabalhistas, ambientais e outras exigidas em seu segmento. Governança corporativa e prevenção à fraude também estão relacionadas ao conceito de *compliance*.

CONFERENCE CALL De *conference* (conferência, reunião) e *call* (ligação telefônica, telefonema). O mesmo que "reunião por telefone", prática usual no ambiente corporativo, em que normalmente vários executivos participam. No Brasil esse termo é às vezes abreviado para simplesmente *call*, como se vê pela frase: "Vou marcar um *call* com os nossos parceiros para alinharmos a estratégia comercial".

CONTACT CENTER É a evolução natural do *call center* (p. 112) em que a comunicação e o relacionamento com o cliente são feitos prioritariamente através do telefone. No caso do *contact center*, utiliza-se também outras formas de contato, como o *e-mail* (p. 154), *chat* (p. 189), aplicativos e redes sociais.

CONTROLLER ver **Ocupações e atividades** p. 138

COPYRIGHT De *copy* (cópia, reprodução) e *right* (direito). O mesmo que "direito autoral". Direito exclusivo que um autor ou compositor detém sobre uma obra literária, musical ou artística, no que diz respeito à sua reprodução e venda. Confira agora uma frase contextualizada em inglês: *A composer* *owns the copyright of the songs he writes* (Um compositor detém os direitos autorais das músicas que escreve). A forma aportuguesada "copirraite" é pouco usual.

COWORKING ver **Sociedade, comportamento e movimentos culturais** p. 168

CRASH Foi como ficou conhecida a "quebra" da Bolsa de Valores de Nova Iorque, em 24 de outubro de 1929. O *crash* levou os Estados Unidos a uma grave crise econômica que depois se espalhou pela Europa, América Latina, África e Ásia. O dia 24 de outubro de 1929 ficou conhecido como a Quinta-feira Negra (*Black Thursday*) e marcou o início da Grande Depressão (*The Great Depression*), período que se estendeu por aproximadamente 10 anos. Na língua inglesa o substantivo *crash* (colisão, batida, choque, estrondo) está presente em algumas combinações usuais de palavras: *car crash* (batida de carro), *plane crash* (acidente aéreo), *crash-landing* (pouso de emergência), *crash helmet* (capacete) e *crash course* (curso intensivo), entre outras. Já o verbo *crash/crashed/crashed*, empregado com o sentido de colidir, bater, quebrar ou falhar, aparece também na expressão *crash a party* (entrar de penetra em uma festa).

CRM ver **Siglas e abreviações** p. 150

DAY TRADE De *day* (dia) e *trade* (negócio, transação comercial, comércio). Operação de compra e venda de ações de uma empresa na bolsa de valores, que ocorre em um único dia. Ao optar por esse tipo de investimento, o investidor visa obter ganhos com a oscilação de preço da ação entre a abertura e o fechamento do mercado. A palavra *trade* também é um verbo na língua inglesa, *trade/traded/traded* (trocar, negociar ou operar na bolsa de valores). Confira o exemplo a seguir: *Phillip has been trading in the stock market for over five years* (Phillip investe na bolsa de valores há mais de cinco anos).

DEADLINE Um anglicismo usual no âmbito editorial, jornalístico e corporativo brasileiro. O mesmo que "data-limite" ou prazo máximo para a conclusão de uma tarefa, projeto ou trabalho. Formada pelas palavras *dead* (morto) e *line* (linha), a expressão teria origem na época da Guerra Civil americana, quando uma linha desenhada em torno de algumas prisões provisórias delimitava o espaço que os prisioneiros podiam circular. Caso ultrapassado esse limite, os prisioneiros seriam fuzilados. A expressão *meet a deadline* significa cumprir um prazo. Ex.: *We'd better hurry or we won't be able to meet the deadline* (É melhor nos apressarmos ou não conseguiremos cumprir o prazo).

DEFAULT Falta de pagamento ou não cumprimento de um compromisso financeiro. O mesmo que "inadimplência ou calote". O anglicismo *default* também é empregado em informática para se referir ao que é padrão ou previamente definido, e que um programa de computador utiliza automaticamente, a menos que o usuário faça outra opção.

DOWNSIZING De *down* (para baixo) e *size* (tamanho), sugerindo a ideia de "redução de tamanho". Com efeito, o anglicismo *downsizing* refere-se à reestruturação organizacional de empresas, a fim de torná-las enxutas e eficientes, o que invariavelmente significa extinção de cargos. O termo *downsizing* também faz referência à migração de sistemas hospedados em computadores de grande porte (*mainframe* p. 198) para computadores menores e mais econômicos.

DUMPING Expressão utilizada em comércio internacional. Trata-se da venda de produtos no mercado externo a preço inferior ao praticado no mercado interno. A prática de *dumping* tem como objetivo eliminar a concorrência e é considerada ilegal, sendo coibida por medidas antidumping. Veja agora um exemplo em inglês com o verbo *dump/dumped/dumped* (jogar fora, descartar ou praticar *dumping*). Ex.: *They accused the Asian company of dumping cars in the foreign market* (Eles acusaram a empresa asiática de praticar *dumping* com a venda de carros no mercado externo).

EBITDA ver **Siglas e abreviações** p. 150

ERP ver **Siglas e abreviações** p. 150

EXPERTISE O mesmo que "competência, perícia ou sabedoria" em uma determinada área, conforme exemplificado na frase: "A empresa coloca toda a sua *expertise* em tecnologia digital a serviço do mercado". Palavra incorporada pela língua inglesa a partir do francês.

FACTORING O mesmo que "fomento mercantil ou fomento comercial". Transação financeira em que créditos comerciais (duplicatas, contas a receber ou cheques pré-datados) são transferidos para uma empresa especializada que se encarrega da cobrança e adianta os valores desses títulos antes do seu vencimento para o titular, mediante desconto. O anglicismo *factoring* também faz referência à empresa especializada nesse tipo de operação.

FAQ ver **Siglas e abreviações** p. 150

FEEDBACK Avaliação, opinião, crítica ou comentário transmitido a uma pessoa sobre uma tarefa ou atividade executada, a fim de que ela possa, se for o caso, fazer alguma correção, melhorando assim o resultado final do trabalho: "Recebeu um *feedback* positivo sobre o artigo que escreveu. "; "O *feedback* dos participantes é muito importante para que possamos planejar melhor futuros treinamentos. ". Segue agora um exemplo de *feedback* na língua inglesa: *He got some very positive feedback on his presentation* (Ele teve um *feedback* muito positivo sobre a apresentação que fez).

FINTECH Termo surgido da fusão das palavras ***fin**ancial* (financeiro) e ***tech**nology* (tecnologia). As *fintechs* são *startups* (p. 128) de serviços financeiros com processos apoiados em tecnologia, o que facilita um grande número de operações, como investimentos, movimentação de conta corrente, pagamentos, uso de cartão de crédito e débito, controle financeiro e outras. Uma das grandes vantagens das *fintechs* é que elas oferecem custos operacionais menores quando comparadas a outras instituições tradicionais do setor financeiro. Além disso, há o fator agilidade proporcionado pela tecnologia, já que todas as operações podem ser feitas através de um aplicativo, a partir de um *smartphone* (p. 203).

FLIP CHART/FLIPCHART De *flip* (virar) e *chart* (quadro, tabela). Quadro apoiado em cavalete no qual fica preso um bloco com grandes folhas de papel brancas que são viradas à medida que são preenchidas. Equipamento comum em salas de reuniões de empresas por proporcionar uma boa visualização dos dados apresentados aos participantes de um treinamento ou reunião. O verbo inglês *flip/flipped/flipped* faz referência ao movimento de virar as folhas de um livro ou revista. Ex.: *She was lying in bed, flipping the pages of a magazine* (Ela estava deitada na cama, folheando uma revista).

FOLLOW-UP Anglicismo empregado com o sentido de "acompanhamento", de apresentação comercial feita, produto vendido ou serviço prestado, para saber do interesse e satisfação do cliente. O anglicismo *follow-up* é formado pelo verbo *follow* (seguir, acompanhar) e a preposição *up* (total, completo), transmitindo a ideia de acompanhamento de um processo, da etapa inicial até o fim. *Follow up* funciona também como verbo na língua inglesa. Ex.: *We follow up all our clients to make sure they are satisfied with the services rendered to them* (Fazemos *follow-up* com todos os nossos clientes para ter certeza de que estão satisfeitos com os serviços prestados).

FRANCHISE/FRANCHISING O mesmo que "franquia". Sistema comercial através do qual uma empresa detentora de uma marca, a franqueadora (*franchisor*), permite que outra empresa ou pessoa, o franqueado (*franchisee*), faça uso dessa marca mediante o pagamento de *royalties* (p. 126) e/ou outras condições. Ambas as grafias *franchise* e *franchising* são utilizadas no Brasil.

FREELANCER/FREELANCE ver **Ocupações e atividades** p. 138

HANDS-ON De *hands* (mãos) e *on* (sobre, em cima de). Anglicismo empregado no mundo corporativo brasileiro para qualificar o profissional proativo e dinâmico, que "coloca a mão na massa" e está sempre disposto a colaborar para que os objetivos da empresa sejam atingidos.

HAPPY HOUR ver **Sociedade, comportamento e movimentos culturais** p. 168

HARD SKILLS De *hard* (duro, firme, difícil) e *skills* (habilidades). O anglicismo *hard skills* refere-se às "competências técnicas" de um profissional, adquiridas em cursos, treinamentos ou experiência de trabalho. São exemplos de *hard skills*: proficiência em idiomas, domínio de programas de computador, cursos técnicos, especializações, mestrado ou doutorado e habilidade em trabalhar com máquinas e equipamentos. Ver também *soft skills* p. 127.

HEAD De *head* (cabeça). No contexto corporativo faz referência ao profissional responsável por um departamento, ou que lidera um projeto, conforme exemplificado na frase: "O novo *head* de vendas tem um perfil bastante agressivo". O mesmo que chefe ou gestor.

HEADHUNTER As duas palavras que formam esse anglicismo ajudam a entender o seu significado: *head* (cabeça) e *hunter* (caçador). Por "cabeça" entenda-se aqui "talento" e assim chegamos a "caçador de talentos". Com efeito, o termo *headhunter* é empregado para designar o profissional especializado em encontrar pessoas qualificadas para trabalhar em diversas funções do mercado de trabalho, especialmente no âmbito executivo.

HEDGE Anglicismo usado no mercado financeiro com o sentido de "proteção cambial". Em uma operação de *hedge* o valor negociado da ação, título, mercadoria ou taxa cambial é fixado e deverá ser cumprido no momento da efetivação do negócio, mesmo que haja desvalorização na bolsa ou oscilação da moeda. O *hedge* funciona como um mecanismo que visa proteger o operador financeiro dos riscos de mercado. Além do sentido de "proteção contra riscos financeiros", a palavra *hedge* na língua inglesa é sinônima de sebe (cerca viva). Confira a frase contextualizada a seguir: *The condo gardener trims the hedge about four times a year* (O jardineiro do condomínio apara a cerca viva umas quatro vezes por ano).

HOLDING Abreviação de *holding company*, um anglicismo usual no mundo corporativo brasileiro. Trata-se da empresa majoritária que detém a maioria das ações das outras empresas do grupo e as controla. As empresas controladas pela *holding* são chamadas de subsidiárias. A *holding* é responsável pela nomeação dos cargos de direção de suas subsidiárias, bem como pelas políticas e atividades comerciais delas. O termo *holding* está associado ao verbo *hold* (segurar), sugerindo a ideia de "empresa controladora ou empresa-mãe". Vale lembrar que na língua inglesa a expressão empregada é *holding company*.

HOLERITE ver **Curiosidades** p. 47

HOME OFFICE ver **Sociedade, comportamento e movimentos culturais** p. 168

HOUSE ORGAN De *house* (casa) e *organ* (órgão, veículo, meio, periódico). Em tradução livre *house organ* equivale a "periódico da casa". Trata-se da publicação interna de uma empresa (jornal, revista, etc.) em formato impresso ou digital, distribuída gratuitamente aos seus funcionários e clientes.

IN-COMPANY Anglicismo formado pela preposição *in* (em, dentro) e o substantivo *company* (empresa). Expressão usual para descrever cursos e treinamentos que são realizados dentro da própria empresa contratante. Os cursos *in-company* são planejados para atender as necessidades específicas dos colaboradores de uma empresa, auxiliando-os na formação e aperfeiçoamento profissional.

INSIDER De *inside* (do lado de dentro) acrescido do sufixo *er*, utilizado em inglês para designar o agente de uma ação. Em tradução livre significa "pessoa que está do lado de dentro ou membro de um grupo". Um anglicismo empregado para se referir ao investidor que tem acesso a informações privilegiadas de uma ou mais empresas, podendo utilizá-las de forma ilegal para obter vantagem em aplicações no mercado financeiro.

JOINT VENTURE De *joint* (conjunto, conjunta) e *venture* (aventura, atividade arriscada, empreendimento, empreitada). Trata-se do empreendimento conjunto de duas ou mais empresas que se associam provisoriamente para executar um projeto comercial, compartilhando responsabilidades, riscos e lucros.

JUST IN TIME Expressão também conhecida pela sigla *JIT (just in time)*. Sistema de produção que tem como princípio básico a fabricação de produtos apenas a partir do momento em que há demanda, reduzindo assim custos de estoque. A expressão *just in time* equivale às expressões "bem na hora ou bem a tempo". Ex.: *We arrived just in time to catch our flight. A few minutes later we would have missed it* (Chegamos bem na hora de pegarmos o voo. Alguns minutos mais tarde nós o teríamos perdido).

KNOW-HOW De *know* (saber) e *how* (como). Conhecimento ou habilidade técnica para executar determinada tarefa, conforme exemplificado na frase: "Usou todo o seu *know-how* na área para resolver o problema".

KPI ver **Siglas e abreviações** p. 150

LAY-OFF/LAYOFF Suspensão temporária do contrato de trabalho dos funcionários de uma empresa, devido à retração econômica ou em períodos de crise. Diferentemente da demissão, o *lay-off* é o afastamento do funcionário por um prazo que pode durar de dois a cinco meses, período em que ele passa a ser beneficiário do seguro-desemprego. A grafia *layoff* (sem hífen) é mais usual em inglês.

LEASING Do verbo *lease* (alugar, arrendar). O mesmo que "arrendamento". Modalidade de aluguel (normalmente de carros) em que há a opção de compra ao final do contrato. *Leasing* não é empregado dessa forma na língua inglesa. Alguns termos equivalentes são *lease, finance lease* ou *capital lease.*

LOCKOUT Circunstância em que a direção de uma fábrica ou empresa impede os funcionários de entrar no local de trabalho. Ao fazer o *lockout* a direção da empresa visa desestabilizar emocionalmente seus funcionários na expectativa de que desistam de suas reivindicações ou exigências. A forma aportuguesada "locaute" também é empregada.

MANAGEMENT Assim como *manager* (gerente, gestor), *management* é um substantivo formado a partir do verbo *manage* (gerenciar). *Management* pode ser traduzido como "gestão, gerenciamento ou administração". Alguns termos usuais no âmbito corporativo brasileiro formados pela palavra *man-*

agement são: *business management* (gestão de negócios), *project management* (gestão de projetos) e *customer relationship management* (gestão de relacionamento com o cliente), também conhecida pela sigla *CRM* (p. 152).

MARKETPLACE ver **Tecnologia e mundo digital** p. 187

MARKET SHARE De *market* (mercado) e *share* (quota, parte, fatia). Anglicismo usual entre os executivos brasileiros. Empregado para se referir ao percentual de mercado que uma empresa detém no seu segmento, conforme exemplificado na frase: "A empresa aumentou o seu *market share*, no segmento de caminhões, de 26% para 28% no último ano". As expressões "fatia de mercado" e "participação de mercado" equivalem ao anglicismo *market share* e também são amplamente usadas no mundo corporativo.

MARKUP Índice aplicado sobre o custo de um produto ou serviço para a formação do preço de venda. O *markup* garante a margem de lucro desejada. Na língua inglesa *markup* pode também significar reajuste de preços.

MBA ver **Siglas e abreviações** p. 150

MENTORING O mesmo que "mentoria". Atividade desenvolvida por um *mentor* (mentor), alguém experiente e com maturidade profissional que poderá orientar e ajudar no desenvolvimento da carreira de outro profissional menos experiente e frequentemente mais jovem. A metodologia do *mentoring* é voltada para a vida profissional de quem está sendo aconselhado, normalmente alguém em fase inicial de carreira, ao passo que *coaching* (p. 113) tem uma abordagem mais abrangente.

MOTOBOY ver **Pseudoanglicismos** p. 145

NASDAQ ver **Siglas e abreviações** p. 150

NETWORK De *net* (rede) e *work* (trabalho). O mesmo que "rede de contatos", conforme exemplificado na frase: Ele possui uma *network* admirável, conhece os principais executivos do segmento". O anglicismo *network* também é usado para se referir a uma rede de emissoras de rádio ou televisão, ou ainda, uma rede de computadores, no contexto de tecnologia da informação.

NETWORKING Anglicismo usual para se referir ao contato com pessoas do mesmo segmento profissional, a fim de trocar informações e experiências relativas à carreira e assim manter-se atualizado e atento a novas oportunidades de trabalho. Uma boa forma de "fazer *networking*" (fazer contatos) é participar de palestras, feiras comerciais, fóruns presenciais ou *online* (p. 200) e outros eventos onde ocorre o intercâmbio de informações e o contato com os pares profissionais. O *networking* é um dos fatores que contribuem para o aumento da empregabilidade e ascensão profissional.

OFFICE BOY *Office boy* (garoto de escritório, em tradução literal) ou simplesmente *boy* (p. 146) são termos empregados no Brasil para se referir ao funcionário normalmente jovem, contratado para executar serviços simples de escritório. O mesmo que "contínuo", palavra hoje em dia menos usual. A grafia *office-boy* (com hífen) também é empregada.

OFFSHORE De *off* (fora, distante) e *shore* (costa). Anglicismo empregado para se referir a empresa, conta bancária ou aplicação financeira mantida em paraísos fiscais, países onde a carga tributária é baixa ou inexistente e há garantia de sigilo bancário. As empresas e investimentos *offshore* são às vezes utilizados por pessoas que desejam ocultar o seu patrimônio, por não terem como comprovar a sua origem. *Offshore* é um termo também relacionado às atividades de prospecção e exploração de petróleo por empresas petrolíferas que operam no mar, ao largo da costa: plataforma *offshore*, extração de petróleo *offshore*, indústria petroleira *offshore*, etc.

ONBOARDING Do verbo inglês *board* (embarcar). O anglicismo *onboarding* (em tradução livre, embarcando) refere-se ao processo de integração de novos funcionários a uma empresa. Durante o período de *onboarding* o novo funcionário recebe treinamentos e orientação, de tal forma que possa se ambientar com a cultura corporativa e rotinas da empresa em que vai trabalhar.

ONE ON ONE Em tradução livre "um a um". Expressão usada no ambiente corporativo com o sentido de reunião rápida e periódica, entre o gestor ou líder de um departamento (ver *head* p. 119) e um membro da equipe. A reunião individual *one on one*, também conhecida como "1: 1", objetiva discutir o que está indo bem e o que precisa ser melhorado no local de trabalho, bem como garantir que todos entendam melhor o seu papel dentro da equipe. Essa conversa reservada também é uma oportunidade para o colaborador poder expressar as suas ideias, opiniões e expectativas em relação à rotina de trabalho e à empresa.

OPEX ver **Siglas e abreviações** p. 150

OUTPLACEMENT De *out* (fora) e *placement* (posicionamento, colocação). É a recolocação de profissionais de nível executivo no mercado de trabalho. Uma assistência prestada por algumas empresas ao encerrar o vínculo empregatício com um funcionário, no sentido de que ele possa ter transição mais tranquila para uma nova oportunidade profissional. Esse serviço é normalmente desenvolvido por uma consultoria especializada em *outplacement*, contratada pela empresa que está desligando o profissional. Além de ser extremamente importante para o funcionário, que se sente amparado no momento da demissão, o *outplacement* traz segurança e uma sensação de bem-estar para os que continuam como colaboradores na empresa.

PABX ver **Siglas e abreviações** p. 150

PLAYER Os *players* de um mercado específico são as empresas que têm relevância no segmento em que atuam: *players* da indústria química, *players* do mercado financeiro e outros. A palavra *player* é também empregada na língua inglesa com o sentido de alguém que pratica um esporte profissionalmente ou toca um instrumento musical. Ex.: *volleyball player* (jogador de voleibol), *piano player* (pianista), *tennis player* (tenista), etc.

POOL Grupo de pessoas, empresas ou países que se unem por um objetivo comum, conforme exemplificado na frase: "As oito empresas formam o *pool* de fornecedores". Nesse contexto *pool* é sinônimo de "consórcio ou associação". O anglicismo *pool* também é empregado para se referir a um conjunto de colaboradores ou recursos compartilhados por um grupo de usuários, conforme exemplo: "Um *pool* de secretárias dá suporte aos executivos da empresa". O significado mais usual do substantivo *pool* na língua inglesa é piscina, uma abreviação de *swimming pool*. Além disso, *pool* significa poça: *a pool of water* (uma poça d'água), *a pool of blood* (uma poça de sangue).

PREMIUM O anglicismo *premium* é empregado para qualificar produtos ou serviços diferenciados, com qualidade superior e sofisticação. É a "versão luxo" entre outros produtos e serviços similares. Ex.: cerveja *premium*, serviço *premium* de hotelaria, marca *premium*, etc.

PRIVATE EQUITY De *private* (privado) e *equity* (ações). Modelo de investimento em que uma empresa ou investidor individual aporta seu capital em empresas bem estabelecidas, com clientes e faturamento, e que tenham um bom potencial de crescimento a médio e longo prazo. O objetivo desse investimento é lucrar com uma venda futura. Diferentemente de investimentos feitos no mercado de ações da Bolsa de Valores, o *private equity* é uma forma de investimento privado em empresas que não possuem capital aberto.

QUIET QUITTING De *quiet* (quieto, calmo, silêncio) e *quit* (parar, largar, desistir). Em tradução livre "demissão silenciosa". Trata-se da atitude, no ambiente de trabalho, em que o colaborador cumpre apenas as obrigações profissionais acordadas com a empresa, fazendo estritamente o necessário de acordo com a descrição das funções de seu cargo. Essa atitude implica em sair no horário, não trabalhar em finais de semana e não aceitar funções extras. A expressão *quiet quitting* vem sendo usada mundo afora para caracterizar profissionais que desejam estabelecer limites entre o trabalho e a vida pessoal.

RECALL Termo formado da junção do prefixo *re* (de novo, novamente) com o verbo *call* (chamar, convocar). Procedimento em que a empresa fabricante convoca os compradores de um determinado produto com defeito, para que este seja corrigido ou substituído sem ônus, a fim de evitar acidentes ou prejuízo ao consumidor. O *recall* é muito comum na indústria automobilística. O anglicismo *recall* também é empregado no contexto de pesquisas eleitorais, para se referir à recordação que os eleitores têm das características de um determinado candidato, em função de sua atuação no passado ou mandato anterior. Na língua inglesa, *recall/recalled/recalled* (recordar-se, lembrar-se) funciona também como verbo. Ex.: *I don't recall coming here before* (Não recordo de ter vindo aqui antes).

ROADSHOW De *road* (estrada) e *show* (show, apresentação, espetáculo). Evento itinerante planejado para ocorrer em várias cidades, daí a palavra *road*, que sugere a ideia de locomoção pela estrada. Pode ser uma apresentação, *workshop* (p. 130) ou divulgação e promoção dos produtos e serviços de uma empresa em outras praças.

ROI ver **Siglas e abreviações** p. 150

ROYALTY Valor pago ao detentor de uma patente de produto ou marca registrada ou ao autor de uma obra (literária, musical, etc.) pelo direito de uso e de sua comercialização. Os *royalties* (plural de *royalty*) normalmente são calculados em forma de porcentagem sobre o lucro ou sobre o preço de venda no mercado. *Royalty* (realeza) também é o termo empregado na língua inglesa para se referir à "família real", a família de um monarca reinante. Confira o exemplo a seguir: *As per protocol one should never turn their back on royalty* (De acordo com o protocolo, não se deve virar as costas para um membro da realeza).

SELF-STORAGE ver **Diversos** p. 66

SHAREHOLDER O mesmo que acionista, ou seja, pessoa que possui ações de alguma empresa. Termo formado da junção das palavras *share* (ação de empresa) e *holder* (titular, proprietário).

SHOWROOM De *show* (mostrar, exibir, expor) e *room* (sala). Espaço onde são exibidos os produtos que estão à venda em um estabelecimento comercial, como automóveis, eletrodomésticos, joias, móveis, etc. O anglicismo *showroom* também designa o local onde se expõem e demonstram produtos industriais para revendedores.

SKILL O mesmo que "competência ou habilidade". Termo usado por recrutadores, *headhunters* (p. 119) e profissionais de Recursos Humanos (RH), conforme exemplificado na frase: "O candidato mostrou ter todos os *skills* exigidos para a vaga".

SOFT SKILLS De *soft* (macio, suave, brando, flexível, afável) e *skills* (habilidades). As chamadas *soft skills* referem-se às competências comportamentais de um indivíduo. Elas definem a maneira como uma pessoa se comporta em diferentes situações. São exemplos de *soft skills*: boa comunicação interpessoal, criatividade, inteligência emocional, motivação, flexibilidade, iniciativa, empatia, proatividade, colaboração e resiliência. Ver também *hard skills* p. 127.

SPIN-OFF Empresa ou produto que é derivado ou criado a partir de outro já existente. *Spin-off* pode também ser um filme ou série baseada em outra que já obteve sucesso e destaque, às vezes até com alguns dos mesmos personagens do seriado original, conforme exemplificado na frase: "A nova série é um *spin-off* da premiada produção". Expressão formada a partir do *phrasal verb* (verbo frasal) *spin off* que transmite a ideia de criar por derivação ou como subproduto.

SPREAD Diferença entre o preço de compra e o preço de venda de uma ação, título de renda fixa, dólar, etc. O chamado "*spread* bancário" se refere à diferença entre a taxa de juros cobrada por um banco de quem toma um empréstimo e a taxa de juros paga a quem deposita dinheiro no banco. A taxa de juros cobrada de um tomador de empréstimo é sempre maior do que a taxa de juros que remunera o investidor.

STAFF Grupo de pessoas que compõem o quadro de funcionários de uma empresa ou instituição. O anglicismo *staff* também designa o pessoal envolvido na organização de qualquer tipo de evento ou a equipe que assessora um político. A grafia aportuguesada "estafe" é menos usual.

STAKEHOLDER De *stake* (participação, parte) e *holder* (titular, proprietário). O mesmo que "parte interessada". Pessoa ou grupo de pessoas interessadas na *performance* de uma empresa e que são impactadas pelas suas atividades e resultados. Alguns exemplos de *stakeholder* são: fornecedores, clientes, funcionários e investidores.

STAND Espaço reservado para cada expositor em uma feira comercial ou exposição. O termo *stand* é comumente empregado na expressão "*stand* de vendas" com o sentido de espaço de exposição e venda ao público conforme exemplificado na frase: "O *stand* de vendas é o canal preferencial de muitas construtoras para conquistar novos clientes". Há também o "*stand* de tiro", local destinado à prática ou competições de tiro ao alvo. Embora a forma aportuguesada "estande" também seja empregada, ainda é muito usual encontrarmos essa palavra em sua grafia original na mídia impressa e digital brasileira. Agora uma dica de inglês, a palavra *booth* é sinônima de *stand*. Confira o exemplo a seguir: *They had a huge booth at the tech expo last year* (Eles tiveram um estande enorme na feira de tecnologia no ano passado).

STARTUP/START-UP Empresa jovem, recém-criada, normalmente com foco em inovação no segmento de tecnologia. O termo *startup* está associado ao significado do *phrasal verb* (verbo frasal) *start up* (iniciar um negócio, abrir uma empresa). A denominação *startup* ganhou popularidade na década de 1990 durante a primeira "bolha da *internet*". Nessa época, muitas *startups* iniciadas por empreendedores, com ideias inovadoras na área de tecnologia, surgiram na região do Vale do Silício (*Silicon Valley*), na Califórnia. Empresas como Apple, Google e Facebook são alguns exemplos de *startups* que floresceram nessa região. A grafia *start-up* (com hífen) também é empregada.

STORYTELLING De *story* (história) e *telling* (ato de contar algo a alguém, relato, narrativa). O termo *storytelling* descreve a arte de contar histórias cativantes, criando e adaptando personagens, enredo e mensagem de acordo com o objetivo a ser alcançado. A arte do *storytelling* está presente na literatura, em palestras e apresentações, no cinema, teatro e demais formas de expressão. *Storytelling* é um anglicismo também empregado no âmbito corporativo brasileiro para se referir à narrativa envolvente criada em torno de um produto ou serviço. Trata-se de uma técnica persuasiva, utilizada como estratégia de *marketing* para atrair a atenção do público e cativar clientes em potencial (ver *prospect* p. 105).

TRADER Termo formado a partir do verbo *trade/traded/traded* (trocar, negociar, operar na bolsa de valores), acrescido do sufixo *er*, empregado na língua inglesa para designar o agente de uma ação. Em tradução livre significa "negociante". O anglicismo *trader* é empregado no Brasil para se referir ao investidor do mercado financeiro que compra e vende ações ou outros ativos negociados na Bolsa de Valores. Pode ser o funcionário de uma corretora de valores ou instituição financeira ou alguém que atua de forma independente em sua casa ou em outro lugar, através de um *home broker*, plataforma *online* de negociação de ações pela *internet*. O *home broker* conecta os seus usuários ao pregão eletrônico, permitindo que enviem ordens de compra e venda de ações através de uma corretora a qual estão credenciados.

TRAINEE ver **Ocupações e atividades** p. 138

TURNOVER Anglicismo empregado para se referir à "rotatividade" de funcionários em uma empresa. O *turnover* é normalmente controlado pelo departamento de RH das empresas e costuma ser expresso em números percentuais, sendo que uma alta taxa percentual de *turnover* pode indicar que há algo errado e que talvez seja necessária uma avaliação da dificuldade de retenção de pessoal. Além desse uso, o substantivo *turnover* é empregado com o sentido de receita ou faturamento na língua inglesa. Confira as frases contextualizadas a seguir: *They expect the company's turnover to be higher this year* (Eles esperam que o faturamento da empresa seja mais alto este ano). *Call centers usually have a high turnover rate* (As empresas de *call center* geralmente têm uma taxa de rotatividade alta).

VENTURE CAPITAL De *venture* (atividade arriscada, aventura) e *capital* (capital). Em tradução livre "capital de risco". Modalidade de investimento em que o capital é normalmente investido em *startups* (p. 128), empresas que estão iniciando e que têm um grande potencial de crescimento. O *venture capital* é considerado um investimento de risco, já que a empresa iniciante ainda não possui um mercado formado.

WALL STREET Rua famosa no distrito de Manhattan, em Nova York, onde estão localizados os escritórios de alguns dos maiores bancos e instituições financeiras dos Estados Unidos, bem como a Bolsa de Valores de Nova York (ver *NYSE* p. 161). *Wall Street* é considerada o maior centro financeiro do mundo.

WORKAHOLIC Pessoa viciada em trabalho ou que trabalha compulsivamente. Anglicismo formado da junção da palavra *work* (trabalho) com o sufixo *aholic*, usado na língua inglesa para transmitir a ideia de vício ou obsessão por algo. Outro exemplo de palavra em inglês com o sufixo *aholic* é *shopaholic* (comprador compulsivo). Além de *aholic*, o sufixo *holic* também é empregado na língua inglesa com o mesmo sentido e pode ser visto em palavras como *alcoholic* (alcoólatra) e *chocoholic* (chocólatra).

WORKSHOP O mesmo que oficina. Curso, seminário ou treinamento de curta duração, com atividades de aspecto prático, sobre um tema específico. Em um *workshop* os participantes são estimulados a interagir ativamente. Ex.: *workshop* de escrita criativa, *workshop* de fotografia, *workshop* de artesanato, etc.

WORKSTATION ver **Tecnologia e mundo digital** p. 187

YUPPIE ver **Siglas e abreviações** p. 150

MÚSICA

BACKING VOCALS Expressão formada pelas palavras *backing* (apoio) e *vocals* (vocais). São os vocais de apoio ou "coro", feito por um ou mais membros de um grupo musical, que ajudam o vocalista principal a cantar uma música.

BLUES Gênero musical nostálgico e melancólico, de origem afro-americana, surgido no sul dos Estados Unidos, no fim do século XIX. O adjetivo *blue* (azul) na língua inglesa também é empregado com o sentido de "triste ou melancólico". Ex.: *She's feeling blue because her dog passed away* (Ela está triste porque o cachorro dela morreu). Há também a expressão *the blues*, com o mesmo significado, melancolia ou tristeza, daí o nome desse gênero musical.

BREAK ver **Curiosidades** p. 47

COUNTRY ver **Sociedade, comportamento e movimentos culturais** p. 168

COVER Anglicismo empregado no Brasil para se referir ao cantor ou conjunto que se apresenta profissionalmente imitando algum cantor ou banda famosa, conforme exemplificado na frase: "Fui ver uma banda *cover* dos Beatles, eles são muito bons". Muitos cantores que se apresentam em barzinhos, restaurantes e outros locais também "fazem *cover*", ou seja, cantam músicas consagradas de cantores e bandas conhecidas.

CROONER ver **Ocupações e atividades** p. 138

DJ ver **Siglas e abreviações** p. 150

FLASHBACK Anglicismo usado no Brasil com o sentido de sucesso musical do passado, como nesta frase: "Aquela rádio é conhecida por tocar apenas *flashback*". A palavra *flashback* não é empregada com esse sentido na língua inglesa. Uma expressão equivalente em inglês seria *old hit*. Ex.: *Diane loves listening to old hits* (Diane adora ouvir *flashback*). Em outro contexto, o termo *flashback* faz referência a um recurso empregado em filmes e livros, quando uma cena que mostra acontecimentos do passado interrompe o fluxo cronológico da história.

FUNK Estilo musical de ritmo dançante baseado em poucos acordes, com batidas repetitivas e uma seção rítmica de metais e percussão. O *funk* surgiu nos Estados Unidos na década de 1960, criado por músicos afro-americanos, com influência do *jazz* (p. 134), *soul* (p. 137) e *blues* (p. 131). O cantor James Brown (1933-2006) foi um dos grandes ícones do *funk* e ajudou a definir esse gênero musical em meados da década de 60. O personagem central do *funk* é o *MC*, abreviatura de *Master of Ceremonies* (mestre de cerimônias). Os *MCs* são autores e/ou cantores desse estilo musical e costumam estar presentes nos populares bailes *funks* cariocas e em outros eventos do gênero pelo Brasil.

GOSPEL Música de cunho religioso, de origem afro-americana, normalmente cantada para louvar a Deus em cultos evangélicos. A palavra *gospel* tem origem no inglês arcaico *God-spell*, ou ainda *Good-spell*, com o sentido de "a palavra de Deus" ou "as boas notícias anunciadas por Jesus". Na língua inglesa, *Gospel* (com g maiúsculo) designa o evangelho, os quatro livros principais do novo testamento que falam sobre a vida, a morte e a resurreição de Jesus Cristo. É um termo empregado para fazer referência aos ensinamentos de Jesus. Ex.: *He preached the Gospel wherever he went* (Ele pregava a palavra de Deus onde quer que ele fosse).

GROUPIE O mesmo que "tiete". Fã fervorosa, normalmente jovem, que acompanha todos os *shows* (p. 42) de um músico ou banda de *rock* (p. 136), seguindo-os em suas excursões e buscando intimidade emocional e/ou sexual com seus ídolos.

GRUNGE Estilo de *rock* (p. 136) alternativo pós-*punk* surgido no final da década de 1980, em Seattle, uma das mais importantes cidades do estado americano de Washington, no noroeste dos Estados Unidos. O termo *grunge* em inglês está associado ao adjetivo *grungy* (desarrumado, sujo, bagunçado) e faz referência à estética despojada e até desleixada dos integrantes desse movimento. O estilo musical *grunge* recebeu influências do *indie rock* (p. 156), *hardcore punk* (p. 182) e *heavy metal* (p. 133) e é caracterizado por letras que falam de alienação social, desejo de liberdade e trauma psicológico. Alguns dos principais ícones do movimento *grunge* são os grupos Alice in Chains, Pearl Jam, Sonic Youth e Nirvana, cujo vocalista Kurt Cobain teria supostamente se suicidado em abril de 1994.

HEAVY METAL De *heavy* (pesado) e *metal* (metal). É o chamado *rock* (p. 136) pesado, também conhecido pela expressão informal "rock pauleira", de sons fortes e barulhentos, amplificados eletronicamente. Esse gênero de *rock* surgiu no final da década de 1960, principalmente na Inglaterra e nos Estados Unidos. Led Zeppelin, Black Sabbath, Judas Priest, Metallica e Deep Purple são algumas das bandas de *heavy metal* mais antigas e famosas. Uma curiosidade é que a partir da expressão *heavy metal* surgiu no Brasil o termo "metaleiro", o fã ou músico de *heavy metal* que se veste a caráter, com roupas pretas e camisetas de bandas, cintos e pulseiras com *spikes* (cravos).

HIP-HOP ver **Sociedade, comportamento e movimentos culturais** p. 168

HIT É o que faz sucesso ou tem muita popularidade, especialmente na indústria do entretenimento. Anglicismo usual para se referir às músicas de sucesso, conforme exemplificado na frase: "A banda tem vários *hits*", daí a expressão *hit parade* (parada de sucessos).

JAM SESSION Sessão informal em que músicos de *jazz* (p. 134) se reúnem para tocar de forma improvisada. A expressão *jam session* se popularizou e hoje em dia se aplica também a outros gêneros musicais como o *rock* (p. 136) e outros. A origem do termo *jam session* é incerta. A palavra *jam* (geleia) seria uma alusão ao *mix* (p. 104) de estilos que a improvisação possibilita. Há relatos também de que *jam* teria surgido das iniciais de *jazz after midnight* (*jazz* após a meia-noite), já que as *jam sessions* aconteciam bem tarde, depois que o público pagante se retirava e os músicos permaneciam pelo simples prazer e diversão de tocar de modo improvisado.

JAZZ Gênero musical de origem afro-americana caracterizado pela improvisação, ritmos sincopados, uso de instrumentos de sopro como o saxofone e o trompete de maneira original, com mudanças rápidas na altura dos sons. O *jazz* surgiu por volta do ano de 1900, a partir da comunidade negra da cidade de New Orleans, nos Estados Unidos, tendo recebido forte influência do *blues* (p. 131).

JUKEBOX Máquina encontrada em algumas lanchonetes, *pubs* (p. 162) e outros estabelecimentos afins que, acionada por moedas ou fichas, toca músicas de seu catálogo, escolhidas pelos usuários. O nome *jukebox* surgiu na década de 1940 por influência das *juke joints*, estabelecimentos informais onde se podia beber e dançar, localizados em sua maioria no sudeste dos Estados Unidos. Foi através das *juke joints* que as *jukeboxes* se popularizaram, passando a substituir as bandas ao vivo, e então se espalhando por todo os Estados Unidos e também pelo mundo.

LP ver **Siglas e abreviações** p. 150

MEDLEY ver **Esportes, atividade física e lazer** p. 82

PLAYBACK Anglicismo formado da junção do verbo *play* (tocar, reproduzir) com a preposição *back* (de novo). Reprodução de uma gravação musical. O *playback* é um recurso às vezes utilizado por cantores e grupos musicais em suas apresentações quando, ao invés de cantar e tocar ao vivo, apenas simulam estar cantando e tocando.

PLAYLIST Do verbo *play* (tocar) e do substantivo *list* (lista). Originalmente é a lista com as faixas musicais programadas para serem tocadas em um programa de rádio. Hoje em dia o termo *playlist* é frequentemente usado para se referir a uma lista digital com a sequência de músicas (baixadas da *internet* ou através de aplicativos) de uma pessoa, que podem ser tocadas em um *smartphone* (p. 203) ou outro dispositivo: "Vou usar a minha *playlist* para a festa de hoje". Ver também *setlist* p. 137.

POP ver **Diversos** p. 66

RAP Acrônimo de *rhythm and poetry* (ritmo e poesia). Gênero de música popular com a poesia das letras recitadas sobre uma base musical com ritmo fortemente marcado. O *rap* teve origem nas festas de ruas da Jamaica a partir da década de 1960, e se popularizou nos Estados Unidos na década de 1970.

RAPPER ver **Ocupações e atividades** p. 138

R&B Abreviação de *rhythm and blues*, em tradução livre "ritmo e melancolia". Essa expressão apareceu pela primeira vez na revista americana Billboard, no final da década de 40. Inicialmente o termo *R&B* foi usado para se referir às músicas gravadas por artistas afro-americanos, tendo depois se tornado sinônimo de "*blues* dançante". O *R&B* contemporâneo deriva do *rhythm and blues* tradicional, combinando elementos do *soul* (p. 137), *funk* (p. 132) e *pop* (p. 78). *Riffs* (p. 136) ocasionais de guitarra dão à música um toque de *rock and roll* (p. 136) e o uso do saxofone acrescenta um toque de *jazz* (p. 134). Os cantores Steve Wonder, Mariah Carey, Lionel Richie, Tina Turner, Whitney Houston, Alicia Keys e Marvin Gaye são alguns dos expoentes do gênero *R&B*.

REGGAE Gênero musical popular surgido na Jamaica no final da década de 1960. O *reggae* se caracteriza por melodias simples e ritmos repetitivos e dançantes. Seu principal expoente é o cantor Bob Marley (1945-1981).

REMIX Sinônimo de "remixagem", termo empregado na indústria fonográfica. O anglicismo *remix* refere-se à música modificada por um *DJ* (p. 153), à qual se acrescentam efeitos especiais (batidas rápidas, eco, etc.), criando uma nova versão da música. Muitas músicas são remixadas com o objetivo de se criar uma versão dançante delas, de tal forma que possam ser tocadas por *DJs* em danceterias, *nightclubs* (p. 41) e outros locais.

RIFF Acredita-se que *riff* seria uma variação da palavra *refrain* (refrão). O termo surgiu inicialmente no mundo do *jazz* (p. 134), sendo também empregado hoje em dia na música popular. O anglicismo *riff* faz referência a um trecho musical, normalmente uma progressão de notas e acordes de guitarra, que é repetido ao longo de uma música.

ROADIE Termo formado a partir da palavra *road* (estrada). Os *roadies* são os técnicos responsáveis pela preparação do palco para o *show* (p. 42) de uma banda ou cantor. Acompanham a banda em turnê e estão sempre "na estrada", daí o nome *roadie*. O trabalho dos *roadies* inclui a montagem de toda a aparelhagem necessária para a apresentação (iluminação, amplificadores, etc.), bem como a afinação dos instrumentos musicais a serem usados. Além disso, auxiliam os músicos durante os *shows* com ajustes dos microfones, troca de guitarras, etc.

ROCK AND ROLL/ROCK'N'ROLL/ROCK Gênero musical popular surgido no início da década de 1950 nos Estados Unidos. É originário de uma fusão de vários outros estilos musicais, como o *blues* (p. 131), o *jazz* (p. 134) e o *country* (p. 170), e caracterizado pelo uso de instrumentos de amplificação eletrônica. *Rock* é a forma reduzida de *Rock and Roll,* dos verbos *rock* (balançar) e *roll* (rolar). A expressão *rock'n'roll* era comum entre os membros da comunidade afro-americana para se referir ao ato sexual, um eufemismo também usado em nomes e letras de músicas. *Rock and roll* passou a designar o estilo musical a partir de um programa de rádio apresentado pelo *disc jockey* (*DJ* p. 153) Alan Freed, no início dos anos 50. Alan usava a frase "*The Rock and Roll Session*" para se referir ao tipo de música que ele tocava em seu programa, uma mistura de *blues* e *country*, fase inicial do *rock*. O programa de rádio de Alan, chamado *The Moondog Rock & Roll House Party* teve enorme popularidade e foi determinante para que o novo gênero musical viesse a ser conhecido por *Rock and Roll*. Embora a grafia aportuguesada "roque" exista, ela é pouco usual.

SETLIST Anglicismo formado pelas palavras *set*, que em um de seus contextos em inglês significa "predeterminado", e *list* (lista). Lista de músicas previamente definida que uma banda ou cantor planeja tocar durante um *show* (p. 42) e que é colocada em algum lugar de fácil visualização para o vocalista e os músicos durante a apresentação. Ver também *playlist* p. 134.

SONGBOOK Termo formado da junção das palavras *song* (música, canção) e *book* (livro). Livro com as letras, partituras e cifras das músicas de um determinado cantor, compositor ou banda. O anglicismo *songbook* equivale à palavra "cancioneiro", embora esta seja mais usada hoje em dia para designar compilações de músicas tradicionais ou típicas de um país ou região.

SOUL MUSIC/SOUL De *soul* (alma) e *music* (música). Em tradução livre "música que vem da alma", um gênero musical com origem na comunidade afro-americana do final da década de 1950. O *soul music* nasceu da fusão entre o *gospel* (p. 132) e o *rhythm-and-blues* (p. 131), recebendo também influência do *jazz* (p. 134). Aretha Franklin (1942-2018) foi uma das grandes expoentes da *soul music*, sendo considerada a "rainha do *soul*".

UNPLUGGED Em tradução literal *unplugged* significa "desligado ou desconectado". O anglicismo *unplugged* faz referência ao uso de instrumentos musicais acústicos, ao invés de instrumentos elétricos amplificados. *Unplugged* pode se referir a um "*show* acústico", em que os músicos não utilizam instrumentos elétricos, ou a versão acústica de uma música.

OCUPAÇÕES E ATIVIDADES

BABY-SITTER O mesmo que "babá". Pessoa contratada para tomar conta de bebês ou crianças durante a ausência dos pais. Em inglês há duas grafias aceitas para essa palavra, com ou sem hífen, *babysitter*. Os americanos também utilizam a forma abreviada e mais informal *sitter* para se referir à babá.

BARMAN Profissional que prepara e serve bebidas em bares, boates, festas e outros eventos. Esse anglicismo foi incorporado ao português a partir do inglês britânico, onde os termos *barman* (profissional homem) e *barmaid* (profissional mulher) são utilizados. Os americanos normalmente usam a palavra *bartender* (p. 138) para se referir ao profissional que prepara e serve drinques.

BARTENDER O mesmo que *barman*, contudo *bartender* é o termo usual nos Estados Unidos. Formado a partir do substantivo *bar* (bar), do verbo *tend* (atender, servir, cuidar) e do sufixo *er*, empregado na língua inglesa para designar o agente de uma ação. O anglicismo *bartender* já começa a aparecer em jornais e revistas brasileiras, conforme exemplificado na frase: "Um cardápio de coquetéis assinado por *bartenders* renomados".

BOY ver **Pseudoanglicismos** p. 145

CADDIE Pessoa, normalmente um jovem, que auxilia um jogador de golfe, carregando os tacos, bolas, etc. A grafia *caddy* também é usada.

CAMERAMAN De *camera* (câmera) e *man* (homem). Operador de câmera cinematográfica em programas de televisão ou *set* (p. 42) de filmagem. O nome desse profissional no Brasil é às vezes abreviado para simplesmente "câmera".

CEO ver **Siglas e abreviações** p. 150

COACH Profissional qualificado que aconselha, orienta e treina um cliente (*coachee* p. 113), ajudando-o a desenvolver habilidades específicas, de tal forma que ele possa alavancar sua carreira profissional ou melhorar aspectos de sua vida pessoal. Existem *coaches* especializados em várias áreas distintas, como finanças, carreira, relacionamento e outras. Nos países de língua inglesa o substantivo *coach* (técnico, treinador) é também empregado para se referir ao profissional que treina um atleta ou um time de basquete, futebol ou outro esporte.

CONTROLLER O mesmo que gerente de controladoria, responsável pela gestão econômica, financeira e patrimonial de uma empresa. O *controller* identifica pontos de melhoria e propõe ações corretivas, visando o aumento da lucratividade da empresa e cuidando para que os recursos sejam empregados da forma mais rentável possível. Termo formado a partir do verbo *control* (controlar) e do sufixo *er*, usado na língua inglesa para designar o agente de uma ação, transmitindo nesse caso a ideia de "controlador".

COWBOY De *cow* (vaca) e *boy* (menino, garoto), em tradução livre "vaqueiro". Contudo a palavra *cowboy* remete ao herói de filmes de faroeste que os *westerns* (p. 46) hollywoodianos ajudaram a popularizar. O chamado "uísque *cowboy*" é uma alusão à maneira como se tomava uísque no faroeste americano: puro e sem gelo. A forma aportuguesada "caubói" é menos usual.

CROONER Cantor romântico de músicas populares que se apresenta acompanhado de orquestra ou grupo musical. O substantivo *crooner* é formado a partir do verbo *croon* (cantar em voz baixa e de maneira sentimental). Ex.: *Jane often croons a lullaby to get her son to sleep* (Jane frequentemente cantarola uma canção de ninar para fazer o filho dormir).

DESIGNER O mesmo que desenhista industrial, desenhista de produto ou projetista. Profissional que planeja e cria o *design* (p. 33) de um produto levando em consideração a aparência, estilo e tendências atuais de mercado. Agora seguem duas dicas para você que deseja melhorar o seu inglês: além de substantivo, *designer* é usado como adjetivo na língua inglesa, para expressar que algo é de grife ou de marca. Ex.: *Stephanie only wears designer clothes* (Stephanie só veste roupa de grife). A segunda dica fica por conta da expressão *fashion designer* que é sinônima de estilista ou *designer* de moda.

DISC JOCKEY ver **DJ** p. 153

DOG-WALKER De *dog* (cachorro, cão) e *walker* (andador). O mesmo que "passeador de cães", profissional que leva cachorros para passear no lugar de seus donos. Alguns *dog-wakers* oferecem também outros serviços, como adestramento. A dica de inglês fica por conta da expressão *walk one's dog* (levar o cachorro para passear). Confira o exemplo a seguir: *Mrs. Moore walks her dog every morning* (A sra. Moore leva o cachorro para passear todas as manhãs).

ENTERTAINER Do verbo *entertain* (entreter), em tradução livre "pessoa que entretém ou diverte". Artista (cantor, humorista, dançarino, músico, ator, etc.) que se apresenta profissionalmente, promovendo a diversão de seu público, conforme exemplificado na frase: "Ele se revelou um ótimo *entertainer*, mantendo a atenção da plateia ao longo de todo o espetáculo".

FREELANCER/FREELANCE Profissional que trabalha por conta própria, prestando serviços para diversas empresas, sem vínculo empregatício e recebendo por trabalho executado. Tanto a grafia *freelancer* como *freelance* são usadas nesse contexto no Brasil. Além de designar o profissional que trabalha de forma autônoma e independente, o anglicismo *freelance* é empregado para se referir a esse tipo de trabalho avulso, sem contrato fixo ou exclusividade com uma única empresa. O termo coloquial "frila" ou ainda "freela", uma adaptação brasileira desse anglicismo, é usual e empregado nos dois contextos descritos, como nas frases: "As vantagens e desvantagens de trabalhar como frila"; "Fez um frila para aquele jornal". Agora um pouco de história: o termo *freelance* na língua inglesa teria sido criado pelo dramaturgo escocês Sir Walter Scott (1771-1832) em um de seus romances mais famosos, *Ivanhoé*. Nesse romance, Sir Walter Scott descreve um mercenário medieval como *free-lance*, indicando que ele tinha sua "lança livre" (tradução literal de *free-lance*) e que poderia usá-la a favor de qualquer pessoa disposta a pagar pelos seus serviços.

GHOST WRITER De *ghost* (fantasma) e *writer* (escritor ou escritora). Escritor profissional que é pago para escrever um texto, discurso ou livro, cuja autoria será creditada a outra pessoa. A alusão a "escritor-fantasma" se deve ao fato do *ghost writer* escrever anonimamente, não aparecendo como autor da obra. Os *ghost writers* costumam ser contratados por pessoas muitas vezes famosas, que tem alguma história interessante a contar, mas que não tem intimidade ou experiência com a escrita ou tempo para se dedicar à elaboração de um livro. A grafia com hífen *ghost-writer* também é usada em português. Na língua inglesa a forma *ghostwriter* (uma só palavra) é a mais comum.

INFLUENCER No cenário atual em que as mídias sociais desempenham um papel tão importante, impactando milhões de pessoas, surge uma nova atividade: *influencer*, o "influenciador digital". Os *influencers* são basicamente formadores virtuais de opinião, trazendo informações sobre produtos, serviços e lugares por meio de redes sociais como Instagram, YouTube (ver também *YouTuber* p. 144), Facebook e outras. Através do conteúdo que publicam, os *influencers* fazem um trabalho diferenciado de *marketing* (p. 103), influenciando as pessoas que acompanham suas postagens. Alguns *influencers* chegam a tornar-se "minicelebridades", passando a ser convidados a participar de eventos, como lançamento de produtos, festas e outros.

MANAGER Substantivo formado a partir do verbo *manage* (gerenciar). O mesmo que empresário. Pessoa responsável por gerenciar a carreira profissional e muitas vezes os interesses particulares de um músico, atleta ou artista. Além dessa acepção, a palavra *manager* é comumente empregada com o sentido de "gerente" na língua inglesa. Ex.: *I like the new manager's hands-on approach* (Gosto da atitude proativa do novo gerente).

MARINE É como é chamado o fuzileiro naval americano. Na língua inglesa *marine* pode ser substantivo ou adjetivo. Como substantivo, significa também Marinha. Ex.: *Mr. Sheldon joined the Marine when he was just twenty years old* (O sr. Sheldon se alistou na Marinha quando tinha apenas vinte anos de idade). Como adjetivo, *marine* é empregado com o sentido de marítimo, marinho, naval ou náutico. Ex.: *Marine biology is the study of animals and plants that dwell in the ocean* (A biologia marinha é o estudo dos animais e plantas que vivem no oceano).

MOTOBOY ver **Pseudoanglicismos** p. 145

OFFICE BOY ver **Pseudoanglicismos** p. 145

PERFORMER "Artista performático" cujo espetáculo normalmente envolve mais de uma modalidade artística (música, dança, canto, etc.). Termo formado a partir do verbo *perform* (atuar, executar, representar, desempenhar). O espetáculo apresentado por um artista performático é chamado de *performance* (p. 76).

PERSONAL TRAINER De *personal* (pessoal) e *trainer* (treinador). Profissional graduado em educação física ou área afim, que orienta seus clientes quanto aos exercícios físicos mais adequados para as suas necessidades e objetivos individuais. Além de demonstrar a maneira correta de se exercitar, o *personal trainer* supervisiona o treinamento físico personalizado de seus clientes. O anglicismo *personal trainer* é comumente abreviado no Brasil para simplesmente *personal*: "Tenho aula com o meu *personal* hoje", o que não acontece na língua inglesa.

PODCASTER Pessoa que produz e/ou apresenta um *podcast* (p. 201).

PROMOTER "Promotor ou produtor de eventos", pessoa que organiza e promove festas em danceterias, *nightclubs* (p. 41), clubes e outros lugares. Palavra formada a partir da junção do verbo *promote* (promover) com o sufixo *er*, que em inglês transforma um verbo em substantivo.

PUBLISHER Anglicismo formado a partir do verbo *publish* (publicar). O mesmo que editor. A palavra *publisher* na língua inglesa faz referência tanto à profissão (editor) quanto à empresa que publica (editora). Confira o exemplo a seguir: *Sophie is looking for a publisher for her novel* (Sophie está procurando uma editora para publicar seu romance).

RAPPER Cantor de *rap* (p. 135), também conhecido como *MC*, abreviação de *Master of Ceremonies* (mestre de cerimônias).

ROADIE ver **Música** p. 131

SHOWMAN De *show* (*show*, espetáculo) e *man* (homem). Em tradução literal "homem-espetáculo", termo empregado para se referir ao artista (cantor, ator, humorista, mágico, dançarino, etc.) que entretém uma plateia.

STRIPPER Artista que faz *striptease* (p. 44), *show* em que se despe lentamente, com gestos provocantes à vista do público. Termo formado da junção do verbo *strip* (despir, desnudar, tirar a roupa) com o sufixo *er*, empregado na língua inglesa para designar o agente de uma ação. *Stripper* é sinônimo de *stripteaser*.

TOP MODEL Expressão formada pelas palavras *top* (topo, ápice) e *model* (modelo, manequim). Modelo famosa, conhecida internacionalmente, também chamada de "supermodelo". O anglicismo *top model* é às vezes abreviado no Brasil para simplesmente *top* (p. 64), conforme exemplificado na frase: "A *top* posou para as fotos da campanha publicitária do novo biquíni".

TRAINEE Estudante universitário recém-formado ou prestes a se formar que participa de programa de treinamento de uma empresa, sendo assim preparado para ocupar um cargo específico na companhia. Na língua inglesa, a palavra *trainee* é empregada em sentido mais amplo, referindo-se a qualquer pessoa que está sendo treinada para uma determinada função. O anglicismo *trainee* é formado da junção do verbo *train* (treinar) com o sufixo *ee*, que em inglês designa a pessoa que "recebe uma ação", transmitindo a ideia de alguém que recebe um treinamento.

VIDEOMAKER Profissional que se dedica à criação e produção de diferentes tipos de vídeos (institucionais, publicitários, artísticos e outros). Anglicismo formado da junção das palavras *video* (vídeo) e *maker* (produtor).

WEB DESIGNER De *web* (rede, *internet*) e *designer* p. 140 (projetista). Profissional especializado em criar e desenvolver *sites* (p. 203) na *internet* (p. 196). O *web designer* é responsável pelo projeto estético e pela funcionalidade do *site*.

WEBMASTER De *web* (rede, *internet*) e *master* (mestre, dono, líder). Profissional que mantém e administra um *site* (p. 203) na *internet* (p. 196), sendo responsável pela edição e atualização dele.

YOUTUBER Criador de conteúdo na plataforma de vídeos *online* (p. 200) YouTube. Os *youtubers* produzem e aparecem em vídeos sobre tópicos que dominam. Normalmente começam a postar vídeos de forma amadora e, à medida que vão conquistando um maior número de seguidores, aprimoram o seu trabalho e passam a fazer postagens com maior dedicação e frequência. O termo *youtube* é formado pelas palavras *you* (você) e *tube*, que é uma gíria americana para a palavra *television* (televisão). Para a formação da palavra *youtuber*, acrescentou-se o sufixo *er* – no caso apenas o "r" porque a palavra *youtube* já termina em "e" –, utilizado em inglês para designar o agente de uma ação.

PSEUDOANGLICISMOS

BABY LOOK Blusa ou camiseta mais justa do que o normal, com mangas mais curtas e de comprimento menor. A expressão *baby look* – "visual de bebê" em tradução livre – está associada à aparência juvenil desse traje. Termo empregado também na forma adjetiva: blusa *baby look*, camiseta *baby look*, etc. *Baby look* é um pseudoanglicismo, essa expressão não é usada na língua inglesa. Trata-se de uma criação brasileira. As grafias *baby-look* (com hífen) ou *babylook* (uma só palavra) também são às vezes empregadas.

BACKLIGHT De *back* (atrás, fundo, verso) e *light* (luz). Palavra empregada em fotografia e teatro como sinônimo de "contraluz", o efeito obtido quando um objeto é iluminado por trás. *Backlight* também é um termo usado em propaganda e publicidade no Brasil com o sentido de painel publicitário iluminado por trás. Trata-se nesse caso de um pseudoanglicismo, já que esse sentido não ocorre na língua inglesa. No mundo anglófono *backlight* transmite a ideia de "luz de fundo".

BIKEBOY O mesmo que "ciclista mensageiro". A palavra *bikeboy* não existe nos países de língua inglesa e é mais um exemplo da criatividade dos brasileiros. Trata-se de um termo que surgiu no Brasil por volta de 2008, a partir da combinação das palavras *bike* (bicicleta) e *boy* (menino, garoto), para designar o profissional contratado para fazer entregas de documentos e outras pequenas encomendas de bicicleta. Um *bikeboy* faz basicamente o serviço de um *motoboy* (p. 148), com a vantagem de não poluir a cidade e a um custo inferior. Contudo, os *bikeboys* não devem substituir completamente os *motoboys*, já que eles são indicados apenas para trabalhos realizados a pequenas e médias distâncias. A forma *bike boy* (duas palavras) também é usada. O ciclista mensageiro é conhecido nos países anglófonos como *bicycle messenger*, *bike courier* ou ainda *cycle courier*.

BOY Palavra empregada no Brasil com dois significados. O primeiro e mais comum refere-se ao jovem funcionário contratado para executar serviços simples de escritório. Com esse sentido, *boy* é uma abreviação de *office-boy* (p. 123). O anglicismo *boy* também é usado como sinônimo de *playboy* (p. 182). É importante destacar que esses usos da palavra *boy* (menino, garoto) não se aplicam à língua inglesa. A forma aportuguesada "bói" é pouco usual.

COOPER Muitas pessoas acreditam que a palavra *cooper* em inglês significa corrida ou algo do gênero. Na verdade a palavra tem origem no sobrenome do médico e preparador físico americano dr. Kenneth Cooper. O dr. Cooper foi o idealizador de um método de condicionamento aeróbico que consiste em correr de forma lenta e compassada. A expressão correspondente a "fazer *cooper*" em inglês é *go jogging*.

DATASHOW ver **Marcas registradas** p. 95

DISK Talvez você já tenha se deparado com a frase "*Disk* Pizza" ou "*Disk*" qualquer outro produto ou serviço. Ao ver frases como essa é possível que o leitor seja levado a acreditar que *disk* (disco) significa discar em inglês, o que não é verdade. A palavra *disk* apenas imita o som de "disque", do verbo discar em português. Esse é mais um exemplo da criatividade brasileira. Para dizer discar em inglês prefira o verbo *dial/dialed/dialed*. Ex.: *Don't hesitate to dial 911 in case of emergency* (Não hesite em discar 911 em caso de emergência).

EMBROMATION Novamente a inventividade dos brasileiros ganha destaque. *Embromation* é um pseudoanglicismo que só faz sentido no Brasil, onde essa palavra foi criada. Ela é às vezes empregada pelos brasileiros de forma cômica, para descrever alguém que na verdade não fala inglês, mas apenas enrola, conforme exemplificado na frase: "Falar inglês direito ele não fala, mas é muito bom de *embromation*". *Embromation* é uma mistura do verbo em português "embromar" (enganar, disfarçar, fingir) com o sufixo inglês *ation*, que é usado em um grande número de palavras na língua inglesa. É o caso de *conversation, observation, inspiration, sensation, occupation, explanation, civilization* e muitas outras.

ENDOMARKETING O mesmo que "marketing interno". Refere-se às ações de *marketing* (p. 103) voltadas para o público interno de uma empresa, ou seja, seus funcionários. As ações de *endomarketing* ajudam a engajar os colaboradores de uma empresa, melhorando assim o clima organizacional. Alguns exemplos de ações de *endomarketing* são a comunicação interna estabelecida na empresa, os benefícios e incentivos oferecidos aos funcionários, bem como outros eventos organizados para eles. A palavra *endomarketing* não existe na língua inglesa, caracterizando assim um pseudoanglicismo.

FOOTING Expressão antiga e já datada, da época em que paquerar significava passear pelas ruas e talvez, com sorte, encontrar alguém interessante para flertar. *Footing* designa o passeio em si e também o lugar onde se passeia para encontrar alguém para namorar. A expressão "fazer *footing*", com o sentido de passear pelos "pontos de encontro", já foi bastante usual. Curiosamente *footing* é um pseudoanglicismo. O termo foi incorporado ao português a partir do francês, língua na qual *footing* significa trote, a corrida lenta e compassada. Na língua inglesa, a depender do contexto, a palavra *footing* pode ser traduzida por piso, ponto de apoio ou base. Como se vê, o processo de incorporação desse termo em nosso país gerou um significado exclusivo para nós brasileiros.

FRONTLIGHT De *front* (frente) e *light* (luz). Termo usado no Brasil em propaganda e publicidade com o sentido de painel publicitário iluminado pela frente. Trata-se de mais uma invenção brasileira. A palavra *frontlight* não é empregada com esse significado em países de língua inglesa. Apenas faz referência à forma de iluminação, no caso, frontal.

LIFTING Procedimento cirúrgico estético que visa o rejuvenescimento facial através da remoção do excesso de pele, eliminação de rugas e sinais de envelhecimento. O mesmo que cirurgia plástica (no rosto) ou simplesmente "plástica". A expressão usada nos países de língua inglesa é *facelift*, *face-lift* ou ainda *face lift*, que também é empregada no sentido figurativo. Confira os exemplos a seguir: *She's never had a facelift* (Ela nunca fez *lifting*/plástica). *The rooms of the hotel have been given a facelift* (Os quartos do hotel foram renovados).

MOTOBOY A invenção dessa expressão é mais um exemplo da criatividade dos brasileiros, que juntaram a palavra "moto", abreviação de motocicleta, com a palavra *boy* (abreviação de *officeboy* p. 123) para criar o termo *motoboy*, com o sentido de profissional que faz entregas rápidas de motocicleta. Alguns termos equivalentes a *motoboy* nos países anglófonos são *motorcycle courier*, *motorbike courier* ou *motorcycle messenger*.

PET PLACE De *pet* (animal de estimação) e *place* (lugar). O mesmo que "espaço *pet*", o local planejado em condomínios para o lazer dos *pets* (p. 76). Um lugar onde eles possam correr, brincar e se divertir. Assim como *pet place*, as variações *pet space*, *pet care* e *pet walk* são invenções brasileiras. Tais expressões não são empregadas nos países de língua inglesa, e constituem, portanto, mais alguns casos de pseudoanglicismos .

PITBOY Assim como *motoboy* (p. 148), a palavra *pitboy* é fruto da criatividade dos brasileiros e apenas existe e faz sentido no Brasil. Termo formado a partir de *pit bull* (o cão tido como feroz e de poucos amigos) e *playboy* (p. 182), com o sentido de jovem de classe média ou alta, de bom porte físico e que costuma se envolver em brigas. A escolha das palavras que formam o termo *pitboy* não é aleatória: *pit bull* sugere agressividade, ao passo que *playboy* faz referência à classe social.

POCKET SHOW De *pocket* (bolso, de bolso) e *show* (show, espetáculo). Esse é mais um caso de pseudoanglicismo. A expressão *pocket show* não existe nos países de língua inglesa, é uma criação brasileira. É empregada no Brasil com o sentido de *show* (p. 42) de curta duração, como por exemplo, uma banda que se apresenta tocando apenas cinco músicas. A expressão *pocket show* não é restrita a *shows* musicais, podendo se referir a qualquer outra breve *performance* (p. 76) artística.

POINT Local agitado, badalado, onde algo interesssante acontece e por essa razão atrai um grande número de pessoas. Pode ser um restaurante, bar, rua, ou outro lugar popular de entretenimento ou turismo: "Inaugurado recentemente, o *pub* é o mais novo *point* da cidade". A palavra *point* não é empregada nesse contexto na língua inglesa. O termo equivalente em inglês é *hotspot*. Ex.: *We had a chance to visit some of the hotspots in town* (Tivemos a oportunidade de visitar alguns dos *points* da cidade).

TRAINING Termo em desuso. O mesmo que "agasalho esportivo", traje normalmente confeccionado em malha ou moletom, usado para a prática de atividades físicas ou como roupa esporte. *Training* é um pseudoanglicismo já que essa palavra é empregada apenas com o sentido de treino ou treinamento na língua inglesa, conforme exemplificado a seguir: *New recruits are given training before they start to work* (Os novos contratados recebem treinamento antes de começar a trabalhar). O equivalente a agasalho esportivo em inglês é *jogging suit* ou *tracksuit*.

SIGLAS E ABREVIAÇÕES

AIDS Sigla de *Acquired Immune Deficiency Syndrome* (Síndrome de Imunodeficiência Adquirida). Doença caracterizada pela deficiência do sistema imunológico, causada pelo vírus *HIV* (p. 156), que é transmitido através de relação sexual, transfusão de sangue contaminado ou compartilhamento de seringas infectadas. Em Portugal, optou-se pelo aportuguesamento da sigla *AIDS* para SIDA (Síndrome de Imunodeficiência Adquirida). Esse é mais um exemplo de que Portugal é mais refratário à incorporação de anglicismos quando comparado ao Brasil.

AM Sigla de *Amplitude Modulation* (Modulação de Amplitude). De forma simplificada é o método de transmissão de ondas de rádio que modula, ou seja, modifica a amplitude, a intensidade, da onda no aparelho receptor.

APP Abreviação de ***application*** (aplicativo). Um aplicativo é um programa de computador criado para desempenhar alguma tarefa específica, normalmente presente em dispositivos móveis como *smartphones* (p. 203) e *tablets* (p. 204). O número de aplicativos móveis para *smartphone* não para de crescer. Os *APPs* são usados para diversas finalidades, como gerenciar uma conta bancária, pedir uma refeição, chamar um táxi ou encontrar a melhor rota de carro para um destino. Um dos aplicativos mais conhecidos e usados no Brasil é o WhatsApp, que possibilita a comunicação entre as pessoas por mensagens de texto, áudio e também por ligações telefônicas com ou sem vídeo. O nome WhatsApp, aliás, faz merecida alusão à pergunta informal em inglês *What's up?* (E aí?).

ASAP Abreviação de *As Soon As Possible* (assim que possível), termo às vezes utilizado ao final de mensagens por *e-mail* (p. 154), em convites ou outros comunicados, para enfatizar que se deve responder tão logo seja possível.

B2B Abreviação de *Business to Business*, em tradução livre "de empresa para empresa". Modalidade de *e-commerce* (p. 153) utilizada por empresas que vendem produtos ou serviços para outras empresas, e não para o consumidor final.

B2C Abreviação de *Business to Consumer*, em tradução livre "de empresa para consumidor". Modalidade de *e-commerce* (p. 153) utilizada por empresas que vendem produtos ou serviços para o consumidor final.

BBQ Sigla de *barbecue* (churrasco), amplamente usada nos países de língua inglesa para se referir à carne ou churrasco. O molho *barbecue*, muito conhecido no Brasil, é comumente empregado em hambúrgueres e outros pratos à base de carne, muitas vezes substituindo o *ketchup* (p. 18).

CAPEX Abreviação de *Capital Expenditure*, em tradução livre "despesas de capital". Trata-se do investimento que uma empresa faz em bens de capital para que ela possa aumentar a sua produtividade e consequentemente os seus lucros. A aquisição de computadores, veículos, equipamentos, terrenos ou imóveis são exemplos típicos de investimento em bens de capital.

CD Sigla de *Compact Disc* (disco compacto). O *CD* é o sucessor do antigo *LP* (*long play*), também chamado de disco de vinil. Um *CD* tem aproximadamente 12 cm de diâmetro, em que áudio ou outros dados são gravados digitalmente.

CD-ROM Sigla de *Compact Disc Read-Only Memory* (disco compacto com memória apenas para leitura). Disco compacto para uso em computadores. Contém informações em formato digital que incluem texto, imagens e áudio.

CEO Forma abreviada de *Chief Executive Officer*, em tradução livre "diretor executivo", o cargo de direção mais elevado em uma empresa. Um anglicismo usual no ambiente corporativo brasileiro, principalmente em grandes empresas multinacionais.

CIA Sigla de *Central Intelligence Agency* (Agência Central de Inteligência). Trata-se do serviço secreto de inteligência dos Estados Unidos, responsável pela investigação de informações e dados que possam colocar em risco a segurança nacional americana. O trabalho da *CIA* é voltado para o exterior, ao passo que o *FBI* (p. 155) investiga crimes federais, atuando em defesa da segurança interna dos Estados Unidos.

COLLAB Abreviação de ***collaboration*** (colaboração). Anglicismo empregado para se referir à colaboração entre pessoas responsáveis por empresas ou marcas que se unem para divulgar seus produtos ou serviços, principalmente através de mídias sociais como Instagram, YouTube, Facebook e outras. "Fazer um *collab*" é uma frase que já se tornou usual entre as pessoas que atuam com marketing digital, e pode ser uma boa estratégia para alavancar as vendas.

COMBO Abreviação da palavra *combination* (combinação). O termo *combo* é empregado com o sentido de "pacote ou combinado", um conjunto de coisas (comida, serviços, etc.) oferecidas juntas, a um preço inferior. Os estabelecimentos de *fast food* (p. 16) costumam oferecer *combos* que incluem, por exemplo, um sanduíche, uma bebida e um acompanhamento.

CPU Sigla de *Central Processing Unit* (unidade central de processamento). A *CPU* é onde todos os dados são processados e por isso é considerada o cérebro de um computador.

CRM Sigla de *Customer Relationship Management* (gestão de relacionamento com o cliente). Conjunto de práticas e estratégias que objetivam a satisfação total do cliente ou *prospect*, p. 105 (cliente em potencial). Um trabalho feito com o apoio de um *software* (p. 204) de *CRM*, em que um banco de dados ajuda a compreender e antever as necessidades e anseios dos clientes.

DEMO Abreviação de ***demonstration*** (demonstração). Anglicismo usado para se referir a uma amostra de trabalho (musical, vídeo, etc.) gravada em

CD (p. 151) ou disponibilizada *online* (p. 200), utilizada para fins comerciais, conforme exemplificado na frase: "Para conhecer o nosso trabalho, você pode baixar a versão *demo* gratuitamente em nosso *site*".

DJ Abreviação de *Disc Jockey*. Profissional que seleciona e reproduz músicas em danceterias, festas, *nightclubs* (p. 41) e outros eventos. As formas aportuguesadas disco jóquei ou disc jóquei são menos usuais.

DVD Sigla de *Digital Video Disk* (disco de vídeo digital). Disco óptico que armazena filmes, *shows* (p. 42) musicais e outros em formato digital. O termo *DVD* também é empregado no Brasil para se referir ao aparelho de *DVD*, que em inglês é *DVD player*.

EBITDA Sigla de *Earnings Before Interests Taxes Depreciation and Amortization* (ganho antes de juros, impostos, depreciação e amortização). Trata-se de um indicador da saúde financeira de uma empresa.

E-BOOK Abreviação de *Electronic Book* (livro eletrônico), livro em formato digital. Pode ser a versão digital de um livro impresso ou um livro que foi lançado exclusivamente no formato digital. A grafia *ebook* (sem hífen) também é utilizada.

E-BUSINESS Abreviação de *Electronic Business*, em tradução livre "negócio eletrônico". Esse termo remete às negociações *online* (p. 200), que incluem contatos com fornecedores, consumidores, pesquisas de mercado e outras. O *e-business* é um conceito mais amplo que o *e-commerce* (p. 153) e integra produção, *marketing* (p. 103), vendas, contabilidade e outros departamentos através de plataformas digitais.

E-COMMERCE Abreviação de *Electronic Commerce* (comércio eletrônico). Refere-se à comercialização de produtos e serviços, feita por uma empresa através de sua própria plataforma virtual. Muitos lojistas têm o seu *e-commerce* que é basicamente a versão *online* (p. 200) de sua loja física. A grafia *ecommerce* (sem hífen) também é às vezes empregada na mídia impressa e digital brasileira. Ver também *marketplace* p. 198.

E-LEARNING Abreviação de *Electronic Learning*, em tradução livre "aprendizagem eletrônica". O anglicismo *e-learning* remete à chamada EaD (Educação a Distância), modalidade de ensino precursora do *e-learning*, iniciada no século XVIII, nos Estados Unidos, com os primeiros cursos por correspondência. O *e-learning* é uma modalidade de ensino não presencial apoiada na utilização da *internet* (p. 196).

E-MAIL Abreviação de *Electronic Mail*, em tradução livre "correio eletrônico". Sistema de envio e recebimento de mensagens de texto digitais através da *internet* (p. 196). *E-mail* também é a mensagem recebida ou enviada via *internet*, "Recebi um *e-mail* dele hoje", e sinônimo de endereço eletrônico, "qual é o seu *e-mail*?". Agora uma dica importante: além de substantivo, *e-mail* funciona também como verbo na língua inglesa, *email/emailed/emailed*. Ex.: I'll email you the spreadsheet later today (Vou te enviar a planilha por *e-mail* mais tarde).

EPUB Abreviação de *Electronic Publication* (publicação eletrônica). É o formato padrão para a publicação eletrônica de livros e outros textos digitais. O formato *ePub* se adéqua às telas de dispositivos móveis como *tablets* (p. 204), *e-readers* (p. 154) e *smartphones* (p. 203), permitindo também a escolha da fonte da letra. A grafia *e-Pub* (com hífen) também é usual.

E-READER Dispositivo leitor de livros digitais. Anglicismo formado pela letra *e*, abreviação de *electronic* (eletrônico) e a palavra *reader* (leitor). Ver também *e-book* p. 153.

ERP Sigla de *Enterprise Resource Planning*, em tradução livre "planejamento dos recursos da empresa". *Software* (p. 204) de gestão empresarial que integra e gerencia os dados e processos de uma empresa. O mesmo que sistema integrado de gestão.

FAQ Acrônimo de *Frequently Asked Questions*, "perguntas frequentes" em tradução livre. Um recurso empregado por muitas empresas para facilitar e agilizar o suporte aos seus clientes ou usuários. Trata-se de uma lista disponibilizada no *site* (p. 203) da empresa com as dúvidas frequentes sobre produtos ou serviços e suas respectivas respostas. Dessa forma o cliente ou usuário pode rapidamente sanar a sua dúvida sem precisar entrar em contato.

FBI Sigla de *Federal Bureau of Investigation,* em tradução livre "departamento federal de investigação". Agência governamental americana responsável por assuntos de segurança interna e pela investigação de violações das leis federais americanas. Além do serviço de inteligência interno (contra-inteligência), o *FBI* tem como responsabilidade investigar crimes de grande complexidade, bem como localizar criminosos. Seu lema *Fidelity, Bravery, Integrity* (Fidelidade, Bravura, Integridade) corresponde às iniciais da sigla *FBI.*

FDA Sigla de *Food and Drug Administration,* "administração de alimentos e medicamentos" em tradução livre. Trata-se da agência reguladora americana que autoriza a comercialização de remédios e produtos alimentares. A *FDA* tem como atribuição proteger a saúde pública através de normas e regulamentos nas indústrias alimentícia, farmacêutica, veterinária e cosmética.

FM Sigla de *Frequency Modulation* (modulação de frequência). Refere-se ao método de transmissão de ondas de rádio que modula, ou seja, modifica a frequência da onda no aparelho receptor.

GIF Sigla de *Graphics Interchange Format,* em tradução livre "formato de intercâmbio de imagens". Mídia (imagens estáticas ou animadas) frequentemente usada em aplicativos de mensagens como o WhatsApp e nas redes sociais. Os *GIFs* não são vídeos, não dispondo, portanto, de áudio. A mensagem desejada é transmitida pelas próprias imagens.

GPS Sigla de *Global Positioning System* (sistema de posicionamento global). O mesmo que sistema de localização e navegação por satélite. O *GPS* funciona através da captação de sinais de 24 satélites que estão espalhados pela órbita terrestre. Todas as coordenadas geográficas do planeta podem ser acessadas através desses sinais. Entre os aplicativos gratuitos de *GPS* mais conhecidos estão o Waze e o Google Mapas.

HD Sigla de *Hard Disk* (disco rígido). Componente de *hardware* (p. 194) que armazena os dados (programas, aplicativos, documentos, fotos e vídeos) de um computador. *HD* também é a sigla de *High Definition* (alta-definição), que faz referência à qualidade de imagem de um aparelho de TV ou monitor.

HDTV Abreviatura de *High-Definition Television* (televisão de alta-definição). O conceito *HDTV* está associado à qualidade de imagem (alta resolução) que as televisões atuais apresentam graças à transmissão do sinal digital.

HI-FI De *hi* (abreviação de *high*, alta) e *fi* (abreviação de *fidelity*, fidelidade). Diz-se do som que é reproduzido com "alta-fidelidade", ou seja, com baixo nível de distorção ou ruído. O anglicismo *hi-fi* também faz referência à tecnologia criada para melhorar a qualidade do áudio ou qualquer aparelho de som capaz de reproduzir e amplificar com pouca distorção.

HIGH-TECH/HI-TECH Expressão formada pelas palavras *high* (alta) e *tech* (abreviação de *technology*, tecnologia). Anglicismo empregado para descrever algo dotado de tecnologia avançada, de ponta, ou com aspecto futurista, conforme exemplificado na frase "prédio *high-tech*". Além da grafia *high-tech*, mais usual, a forma *hi-tech* também é empregada na língua inglesa.

HIV Sigla de *Human Immunodeficiency Virus* (vírus da imunodeficiência humana), o vírus que causa a *AIDS* (p. 150).

HP/HORSE POWER A unidade de medida de potência *HP* (*Horse Power*) surgiu no Reino Unido, quando o escocês James Watt aperfeiçoou a "máquina a vapor" (*steam engine*) em 1769, o que impulsionou a Revolução Industrial. Como o cavalo era a fonte de tração animal usada na época, Watt utilizou a expressão *horse power* (força de cavalo) para quantificar a potência da máquina por ele aperfeiçoada. Um *HP* equivale a 745,7 Watts. O nome da unidade que representa a potência elétrica no sistema internacional (Watt) é uma homenagem a James Watt.

INDIE Abreviação da palavra *independent* (independente). Termo empregado para se referir à produção cultural (música, cinema, artes) sem vínculo com grandes gravadoras, produtoras ou distribuidoras e que apresenta características menos comerciais. Como o próprio nome sugere, uma produção *indie* é feita de forma independente, como é o caso das bandas de *indie rock* que se apóiam na *internet* (p. 196) para divulgação de suas músicas, já que elas não são distribuídas comercialmente. Outro exemplo é o cinema *indie*, produzido com baixo orçamento por pequenas produtoras de filmes sem acesso aos circuitos comerciais de divulgação.

IP Sigla de *Internet Protocol* (protocolo de *internet* p. 196). Um endereço de *IP* é uma identificação numérica única, atribuída a cada dispositivo (computador, celular, *tablet* p. 204) conectado a uma rede de computadores. O *IP* é considerado o principal protocolo de comunicação da *internet*, sendo responsável pelo endereçamento e envio correto de informações pela rede mundial de computadores.

IPA Acrônimo de *India Pale Ale*, "cerveja escura e amarga Índia" em tradução livre. As chamadas cervejas artesanais *IPA* são aromáticas, fortes, refrescantes e mais amargas devido a uma concentração maior de lúpulo. Sua coloração costuma oscilar entre dourada e cor de cobre. A palavra *India* na formação da sigla *IPA* está associada à lenda de que durante a produção dessa bebida os ingleses acrescentavam uma quantidade maior de lúpulo, um conservante natural, de tal forma que elas aguentassem viagens mais longas, como até a Índia, colônia inglesa na época. Há também a hipótese de que a primeira cerveja artesanal *IPA* tenha sido preparada na Índia. Atualmente há uma grande variedade de cervejas artesanais *IPA* em todo o mundo.

IPO Sigla de *Initial Public Offering* (Oferta Pública Inicial). É quando uma empresa vende suas ações na Bolsa de Valores pela primeira vez, oferta pública de ações, o que também é conhecido como "abertura de capital". Através da *IPO* a empresa se torna uma empresa de capital aberto.

iPOD Dispositivo portátil de reprodução de arquivos em áudio da empresa americana Apple. O termo *iPOD* é formado pela letra *i* (comum a outras marcas registradas da Apple, como o *iPHONE* e o *iPAD*), uma referência à *internet*, e a palavra *pod* (cápsula, módulo), que teve como inspiração as pequenas naves espaciais no filme de ficção científica *2001: A Space Odyssey* (2001: Uma Odisséia no Espaço), do diretor Stanley Kubric.

ISO Acrônimo de *International Standards Organization*, ou *International Organization for Standardization*, em tradução livre "organização internacional de padronização". A *ISO* é uma entidade voltada para a padronização e normatização de empresas de vários segmentos e tamanhos, tendo sido estabelecida em 1947 na cidade de Genebra, na Suíça. Seu objetivo é definir padrões que possam ser adotados por empresas em países do mundo inteiro. Como exemplo, há normas voltadas para o sistema de gestão de qualidade (ISO 9000), gestão ambiental (ISO 14000) e outras. A certificação *ISO* é concedida às empresas que, ao serem avaliadas, demonstram estar em conformidade com as normas correspondentes ao seu nicho de atuação, o que lhes confere prestígio e legalidade segundo padrões internacionais.

KPI Sigla de *Key Performance Indicator*, em tradução livre "indicador-chave de desempenho". Os *KPIs* são indicadores quantificáveis que ajudam a entender se os objetivos de uma empresa estão sendo alcançados. A partir da análise desses indicadores, a empresa pode decidir, se for o caso, mudar suas estratégias para melhorar o resultado. Um exemplo de *KPI* é o *market share* (p. 122) que uma empresa detém em um determinado segmento de negócios.

LAN HOUSE De *LAN*, sigla de *local area network* (rede local restrita a um determinado espaço físico) e *house* (casa). Estabelecimento comercial que disponibiliza computadores para acesso à *internet* (p. 196), mediante a cobrança de uma taxa. É um local para entretenimento (jogos em rede ou *online*), pesquisa ou envio e recebimento de mensagens eletrônicas. O auge das *lan houses* no Brasil ocorreu no final do século XX, época em que, estima-se, mais de 50% dos brasileiros acessavam a *internet* através desses locais. À medida que os computadores e os planos de banda larga foram tornando-se mais acessíveis, as *lan houses* entraram em declínio. Hoje em dia há poucas remanescentes no país.

LASER Acrônimo de *Light Amplification by Stimulated Emission of Radiation*, em tradução livre "amplificação da luz por emissão estimulada de radiação". Dispositivo que emite radiação eletromagnética concentrada de alta intensidade, muito usado em procedimentos médico-cirúrgicos, nas telecomunicações e em vários outros segmentos industriais.

LCD Sigla de *Liquid Crystal Display*, "monitor de cristal líquido" em tradução livre. Tela composta de duas lâminas de vidro separadas por cristal líquido. A tecnologia *LCD* está presente nos monitores e telas de televisores, computadores, *smartphones* (p. 203), relógios de pulso, rádios, calculadoras e outros aparelhos eletrônicos.

LED Sigla de *Light Emitting Diode*, em tradução livre "diodo emissor de luz". O diodo é um pequeno semicondutor com capacidade de emitir luz quando em contato com uma corrente elétrica. As chamadas lâmpadas *LED* proporcionam uma maior economia de energia e têm uma vida útil mais longa quando comparadas às lâmpadas incandescentes ou fluorescentes.

LGBTQIAP+ Sigla de *Lesbian, Gay, Bisexual, Transgender, Queer, Intersex, Asexual, Pansexual* e outras identidades de gênero não inclusas nessa sigla (Lésbicas, Gays, Bissexuais, Transgêneros, Queer, Intersexo, Assexual, Pansexual e mais). Um termo empregado internacionalmente para se referir à comunidade *LGBTQIAP+* ou definir locais (bar *LGBTQIAP+*, boate *LGBTQIAP+*, etc.), produtos e serviços destinados a esse público. Observa-se no Brasil que a letra "T" dessa sigla é às vezes empregada com o significado de "transexuais" e "travestis". Vale lembrar que a sigla GLS (Gays, Lésbicas e Simpatizantes) não têm origem na língua inglesa, é uma invenção brasileira surgida aqui no início dos anos 90.

LOL Expressão informal usada em mensagens de texto por aplicativos como WhatsApp ou em redes sociais. *LOL* são as iniciais das palavras *laughing out loud* (rindo em voz alta), termo usado para deixar claro que algo comentado nas mensagens é muito engraçado. A dica de inglês fica por conta da expressão *out loud* (em voz alta), que é sinônima de *aloud*. Ex.: *Can you read the next paragraph aloud please?, the teacher asked Karen* (Você pode ler o próximo parágrafo em voz alta, por favor?, a professora pediu a Karen).

LP Sigla de *Long Play*. O mesmo que "elepê", forma verbalizada da sigla LP. Trata-se do antigo disco fonográfico, também conhecido como vinil, com várias faixas de gravação em cada lado e que é o precursor do CD (p. 151).

M&A Uma sigla usual no mundo corporativo brasileiro. Seu significado é *Mergers and Acquisitions* (Fusões e Aquisições). Uma fusão ocorre quando duas empresas se unem para formar uma nova organização, já a aquisição é quando uma empresa compra outra e a incorpora em suas operações. Nos dois casos o objetivo é aumentar a produtividade e eficiência das empresas envolvidas e assim maximizar lucros.

MBA Sigla de ***M**aster of **B**usiness **A**dministration*, em tradução livre "mestre em administração de negócios". Embora a palavra *master* sugira "mestrado", o *MBA* é um curso de pós-graduação *lato sensu* com duração média de 2 anos, para alunos que já concluíram a graduação. Os formandos de um *MBA* recebem o título de especialistas na área. Algumas das disciplinas que costumam fazer parte desse curso são gestão de empresas e negócios, finanças, contabilidade e *marketing* (p. 103).

MODEM Termo surgido da junção das palavras ***mod**ulator* (modulador) e ***dem**odulator* (demodulador). Dispositivo eletrônico que transforma ou "modula" um sinal digital em uma onda analógica, tornando possível a transmissão do sinal via linha telefônica. O *modem* também faz o processo inverso: transforma ou "demodula" o sinal analógico, codificando-o para o formato digital.

NASA Sigla de ***N**ational **A**eronautics and **S**pace **A**dministration*, equivalente em português a "administração nacional da aeronáutica e espaço". Agência governamental americana responsável por projetos de exploração espacial, bem como o desenvolvimento de tecnologias aeronáuticas. Um dos grandes feitos da *NASA* foi o envio dos primeiros seres humanos à Lua (Projeto Apollo), tendo o astronauta Neil Armstrong se tornado o primeiro homem a pisar na Lua, em 20 de julho de 1969. A frase dita por Armstrong ao pisar na Lua tornou-se célebre e é considerada uma das frases mais icônicas da História: *That's one small step for a man, one giant leap for mankind*, em tradução livre: "Um pequeno passo para o homem, um salto gigante para a humanidade".

NASDAQ Sigla de *National Association of Securities Dealers Automated Quotation*, em tradução livre: "associação nacional de corretores de títulos de cotações automáticas". Sediada em Nova York, a *NASDAQ* é uma bolsa de valores eletrônica em que são negociadas ações de empresas de alta tecnologia. É considerada uma das mais importantes bolsas de valores do mundo, ficando atrás apenas da Bolsa de Valores de Nova York (ver *NYSE* p. 161).

NBA Sigla de *National Basketball Association* (Associação Nacional de Basquetebol). Liga de basquetebol profissional da América do Norte que congrega 29 times americanos e um canadense (*Toronto Raptors*). Entre os times da *NBA* mais conhecidos figuram: New York Nicks, Chicago Bulls, Miami Heat, Orlando Magic, Los Angeles Lakers e Golden State Warriors. Agora duas dicas de inglês: a palavra *basketball* é empregada tanto para se referir ao esporte (basquetebol) quanto à bola de basquete. Ex.: *Jason got a basketball for his birthday* (Jason ganhou uma bola de basquete de aniversário). A segunda dica fica por conta da expressão informal *shoot hoops* (bater um basquete, dar uns arremessos). Ex.: *Hey Bill! Do you wanna shoot some hoops later? Gordon asked Bill* (Ei, Bill! Quer bater um basquete mais tarde? Gordon perguntou ao Bill).

NYSE Sigla de *New York Stock Exchange* (Bolsa de Valores de Nova York). Considerada a maior e mais influente bolsa de valores do mundo, onde ações das maiores empresas americanas são negociadas diariamente. A *NYSE* está localizada no distrito de Manhattan, na famosa *Wall Street* (p. 129), centro financeiro de Nova York.

OK ver **Curiosidades** p. 47

OPEX Abreviação de *Operational Expenditure*, em tradução livre: "despesas operacionais". Trata-se dos custos operacionais de uma empresa como salários dos funcionários, aluguéis de máquinas e equipamentos, custos de reparos e manutenção, despesas com publicidade, pagamentos de serviços terceirizados e outros.

PABX Sigla de *Private Automatic Branch Exchange*, que em tradução livre significa "troca automática de ramais privados". O *PABX* é uma central telefônica privada muito comum em empresas e condomínios, já que permite que diferentes ramais façam ligações ao mesmo tempo. As ligações podem ser internas (inter-ramais) ou externas. Além de facilitar a comunicação telefônica nos locais em que é implantado, o *PABX* ajuda a reduzir despesas com telefonia.

PC Sigla de *Personal Computer* (computador pessoal). Termo normalmente empregado para se referir ao computador de mesa (ver *desktop* p. 191).

PDF Sigla de *Portable Document Format* (formato portátil de documento). Formato de arquivo criado pela empresa Adobe Systems.

PhD O mesmo que doutorado. O termo *PhD* tem origem no latim *Philosophiae Doctor*, em inglês *Doctor of Philosophy* (Doutor em Filosofia), o mais alto grau acadêmico conferido a um estudante por uma universidade. A palavra *philosophy* (philosophiae) remete ao seu significado original de "amor ao conhecimento".

PIN Abreviatura de *Personal Identification Number* (número de identificação pessoal). Termo empregado como sinônimo de "senha de acesso ou chave de segurança" em transações bancárias, desbloqueio de celulares, validação de *SIM cards* (ver *chip* p. 189), etc.

PUB Abreviação de *Public house* (casa pública). Estabelecimento comercial luxuoso com licença para servir bebidas alcoólicas, onde a cerveja é o atrativo principal. O *pub* é uma instituição tradicional no Reino Unido (Inglaterra, País de Gales, Escócia e Irlanda do Norte) e outros países de influência britânica.

PVC Abreviação de *Polyvinyl Chloride* (policloreto de vinila). Trata-se de um termoplástico derivado do petróleo. O *PVC* é um material amplamente usado na construção civil, além de também ter outras aplicações.

QR CODE De *QR*, abreviação de *Quick Response* (resposta rápida) e *code* (código). "Código de resposta rápida" em tradução livre. O *QR Code* é a evolução do código de barras. Consiste em um gráfico 2D (bidimensional) que ao ser escaneado com um *smartphone* (p. 203) direciona para um *site* (p. 203), texto, áudio, vídeo, localização georreferenciada ou algum outro conteúdo *online* (p. 200). O *QR Code* tem sido utilizado em canais de TV, bares, restaurantes, cartões de visita, livros, revistas, jornais, embalagens de produtos, etc., para oferecer conteúdo extra *online*. Também pode ser usado para fazer pagamentos e em ações de *marketing* (p. 103), como interface entre a comunicação *off-line* (p. 199) e *online* de anúncios publicitários.

RAM Abreviação em inglês de *Random Access Memory* (memória de acesso aleatório). A memória *RAM* funciona como um local para armazenamento temporário de dados, enquanto eles estão sendo processados. É muito mais veloz do que o *HD* (p. 156), que é um local de armazenamento permanente de dados.

ROI Acrônimo de *Return On Investment* (retorno sobre investimento). O mesmo que "taxa de retorno". Indicador financeiro que demonstra o valor que foi ganho em relação ao capital investido. O *ROI* é uma métrica muito utilizada em campanhas de *marketing* digital.

RPG Sigla de *Role-Playing Game*, em tradução livre: "jogo de interpretação de personagens". Trata-se de um jogo em que os participantes assumem papéis (personagens) e de forma improvisada interagem entre si, respeitando contudo, algumas regras preestabelecidas.

Obs.: RPG também é sigla de Reeducação Postural Global, um método terapêutico que objetiva melhorar a postura corporal.

RPM Abreviatura de *Revolutions Per Minute*, equivalente em português a "rotações por minuto". O termo *RPM* é empregado para expressar o número de vezes que um motor automotivo gira por minuto. O instrumento que mede as rotações de um motor por minuto é o conta-giros (tacômetro), conhecido em Portugal como "conta-rotações".

SAP Acrônimo de *Second Audio Program* (segundo programa de áudio). Recurso em aparelhos de televisão (tecla SAP) que permite que os telespectadores assistam a programas na língua em que foram originalmente gravados, ao invés da versão dublada em português.

SEO Sigla de *Search Engine Optimization*, em tradução livre "otimização de mecanismos de busca". Trata-se de um conjunto de estratégias que visam otimizar o posicionamento de uma página na *internet* (divulgando produto, serviço ou empresa) acessada pelos usuários através de *sites* de busca, como por exemplo o Google. Um bom trabalho de *SEO* faz com que uma página na *internet* seja mais facilmente encontrada por quem procura um produto ou serviço.

SITCOM Abreviação de ***situation comedy***, "comédia de situação" em tradução livre. Série cômica de televisão que aborda temas cotidianos relativos à família, amigos ou trabalho. Algumas *sitcoms* mais populares da televisão americana que fazem sucesso também no Brasil são: *Friends, Two and a Half Men, The Middle, The Big Bang Theory, Seinfeld* e *How I Met Your Mother*.

SMS Sigla de ***Short Message Service*** (serviço de mensagens curtas). Funcionalidade disponível nos telefones celulares e *smartphones* (p. 203) que permite o envio e recebimento de mensagens curtas de texto. Também conhecido no Brasil como "torpedo", o *SMS* passou a ser menos usado no país após a popularização do aplicativo WhatsApp (ver *app* p. 150).

SOS ver **Curiosidades** p. 47

SUV Abreviatura de ***Sport Utility Vehicle*** (veículo utilitário esportivo). Categoria de automóvel com *design* (p. 33) esportivo, porte avantajado e normalmente equipado com tração nas quatro rodas.

SWAT Acrônimo de ***Special Weapons And Tatics*** (armas e táticas especiais). Nome do seleto grupo da polícia americana, altamente especializado e treinado para atuar em operações de grande risco.

TM Forma abreviada de ***trademark*** (marca comercial), termo usual nos Estados Unidos.

UFC Sigla de ***Ultimate Fighting Championship***, em tradução livre: "o maior/melhor campeonato de lutas". A *UFC* é a maior organização de Artes Marciais Mistas do mundo, conhecida em inglês pela sigla *MMA*, de ***Mixed Martial***

Arts. Com origem nos Estados Unidos, a *UFC* promove lutas de diversos estilos: muay thai, jiu-jitsu, taekwondo, caratê, judô, boxe e outras. O lutador brasileiro Anderson Silva, conhecido mundialmente como *Spider* – "aranha", porque era fã do Homen-Aranha e usava a fantasia do super-herói quando criança –, é considerado um dos maiores atletas de *MMA* do mundo.

UFO Acrônimo de *Unidentified Flying Object* (objeto voador não identificado). Apesar de termos a versão brasileira desse acrônimo, ÓVNI (objeto voador não identificado), o anglicismo *UFO* é usual na mídia impressa e digital brasileira.

URL Sigla de *Uniform Resource Locator* (localizador padrão de recursos). Endereço virtual com *link* (p. 197) para uma página de *internet* (p. 196), um *site* (p. 203) ou arquivo, permitindo assim o acesso ao usuário.

USB Sigla de *Universal Serial Bus*, "porta universal" em tradução livre. O termo técnico *bus* (barramento) dessa sigla faz referência aos condutores elétricos e circuitos que interligam os componentes de um computador e viabilizam a transferência de dados. A chamada "entrada *USB*" em computadores e outros aparelhos eletrônicos, bem como o "cabo *USB*" constituem hoje em dia dispositivos padrões na indústria da informática e foram desenvolvidos para facilitar a conexão de periféricos (*mouse* p. 199, teclado, *pen drive* p. 200, etc.) ao computador sem necessidade de desligá-lo.

VAN Abreviação de *caravan*, "furgão", em inglês americano. Veículo mais alto do que um *sedan* (p. 25), usado para o transporte de um pequeno número de passageiros ou mercadorias. Há também a versão menor desse veículo, conhecido como *minivan*.

VAR Termo empregado no futebol e outros esportes, *VAR* é acrônimo de *Video Assistant Referee* (árbitro assistente de vídeo). Trata-se de um sistema de apoio para o árbitro principal de uma partida, que revê as jogadas polêmicas através do *VAR* (monitor de vídeo) antes de tomar a sua decisão.

VCR Sigla de *Video Cassette Recorder* (gravador de videocassete). Aparelho que grava e reproduz vídeo (imagem e som), utilizando o videocassete, tecnologia suplantada pelo *DVD* (p. 153).

VIBE Forma coloquial abreviada de *vibration* (vibração). Anglicismo empregado com o sentido de "astral, clima", conforme exemplificado na frase: "Sentiu a *vibe* do lugar e resolveu ficar". O termo informal *vibe* é usado da mesma forma na língua inglesa, em alguns casos até no plural. Confira as frases contextualizadas a seguir: *We felt the friendly vibe of the place as soon as we walked in* (Sentimos o astral amigável do lugar assim que entramos). *I wouldn't go there if I were you. That place has bad vibes* (Não iria lá se eu fosse você. Aquele lugar é baixo-astral).

VIP Abreviação de *Very Important Person* (pessoa muito importante). Termo usado para se referir a alguém de prestígio, poder ou influência (cliente *VIP*, convidado *VIP*, etc.), ou ao local reservado para esse tipo de pessoa (área *VIP*, estacionamento *VIP*, lista *VIP*, atendimento VIP, sala *VIP*) em aeroportos, restaurantes, etc.

VoIP Abreviação de *Voice over Internet Protocol*, em tradução livre: "voz sobre protocolo de *internet*". Também conhecido no Brasil como "voz sobre IP". *VoIP* é a tecnologia que permite a transmissão de voz através da *internet*, transformando os sinais de áudio analógicos de uma chamada telefônica em dados digitais. A tecnologia *VoIP* está presente em aplicativos (ver *app* p. 150) como o WhatsApp e o Skype.

WASP Abreviação de *White, Anglo-Saxon and Protestant* (branco, anglo-saxão e protestante). Expressão empregada para se referir ao americano de religião protestante, descendente de britânicos ou de forma mais ampla, de europeus ocidentais, e que pertence à classe alta americana. O termo "anglo-saxão" é uma referência a pessoas de ascendência britânica.

WC Abreviação de *Water Closet*, "gabinete de água" em tradução literal. Equivalente em português a banheiro, toalete ou sanitário. As iniciais *WC* originalmente fazem referência ao vaso sanitário. Termo empregado principalmente no Reino Unido como sinônimo de banheiro.

WI-FI Abreviação de ***Wireless Fidelity*** (fidelidade sem fio). Uma rede *wi-fi* utiliza a tecnologia *wireless* (p. 207) para permitir que computadores e dispositivos móveis (*smartphones, tablets*, etc.) se conectem à internet sem a necessidade de fios ou cabos elétricos. O sinal é enviado através de ondas de rádio por um roteador. O local circunscrito ao alcance das ondas de rádio é onde um usuário consegue acessar a rede *wi-fi*, normalmente através de uma senha. Essa área delimitada onde é possível acessar a *internet* através da rede *wi-fi* é conhecida como *hotspot* (p. 195). As redes *wi-fi* são comuns em cafeterias, restaurantes, *shoppings* (p. 60), aeroportos e outros locais.

WO Sigla de ***Walkover***, uma referência a "vitória fácil" na língua inglesa. Vencer por *WO* significa vencer sem precisar jogar o jogo, o que pode acontecer quando o time adversário não comparece ou não tem um número de jogadores considerado suficiente para jogar a partida, entre outras situações: "Devido à ausência da equipe adversária, o time do Pedregal venceu por *WO*, garantindo a classificação". A expressão *WO* teve origem no turfe no início do século XIX. Hoje em dia é empregada no futebol e em outros esportes, além de outras situações em que há competição ou concorrência, como é o caso de eleições.

WWW Sigla de ***World Wide Web***, em tradução livre: "grande teia mundial". A forma abreviada de *World Wide Web* é simplesmente *web* (p. 207), termo usado como sinônimo de *internet* (p. 196). O criador da *World Wide Web*, o cientista da computação britânico Tim Berners-Lee, foi o responsável pela escolha desse nome. De acordo com o próprio Tim, *web* (teia) é uma analogia ao mundo virtual, onde cada nó da "teia" é análogo a um local virtual, como por exemplo, um *website* (p. 207).

YUPPIE De ***Young*** (jovem), ***Urban*** (urbano) e ***Professional*** (profissional). Termo que designa o jovem executivo ambicioso, bem-sucedido financeiramente e com estilo de vida moderno e luxuoso.

SOCIEDADE, COMPORTAMENTO E MOVIMENTOS CULTURAIS

AMERICAN DREAM A expressão *American Dream* (sonho americano) sintetiza o ideal de liberdade, igualdade de oportunidades, dignidade e respeito oferecidos aos americanos nativos ou imigrantes, possibilitando a todos atingir os seus objetivos e realizar seus sonhos através de seu esforço e determinação, no país que é considerado *the land of opportunities* (a terra das oportunidades) por excelência. O conceito de *American Dream* surgiu pela primeira vez em 1931, no livro *The Epic of America*, escrito por James Truslow Adams. Nesse livro o autor afirma que "o sonho americano é o sonho de uma terra na qual a vida deve ser melhor, mais rica e mais completa, com oportunidades para todos, de acordo com as suas habilidades ou realizações".

BABY BOOMER Pessoa nascida após o fim da Segunda Guerra Mundial (1939-1945), entre 1946 e 1964, período de alto índice de natalidade nos Estados Unidos. A expressão *baby boomer* define um grupo etário e é formada pelas palavras *baby* (bebê), *boom*, p. 110 (crescimento rápido, grande expansão, explosão) e o sufixo *er*, que em inglês designa o agente de uma ação.

BAD BOY De *bad* (mau, ruim) e *boy* (garoto, rapaz). Sujeito rebelde, de mau comportamento, muitas vezes até rude ou arrogante. Termo empregado coloquialmente conforme exemplificado na frase: "Ela tem um fraco por *bad boys*".

BAD TRIP ver **Curiosidades** p. 47

BEAT Movimento de artistas, escritores, poetas e intelectuais americanos no final da década de 1950 e início da década de 1960. O movimento *beat* ou a chamada *beat generation* (geração *beat*) contestava os valores e o modo de vida burguês da sociedade materialista dos Estados Unidos da época. O termo *beat* também faz referência ao indivíduo de comportamento excêntrico e filosofia de vida contestadora, contrário aos valores convencionais de uma sociedade. Um dos maiores expoentes da *beat generation* foi Jack Kerouac, autor do célebre livro *On the road.*

BLACK BLOC Expressão usada para designar grupos de manifestantes anarquistas que participam de protestos vestindo roupas, capuzes e máscaras pretas. Os manifestantes *black bloc* não temem o confronto com a polícia e frequentemente promovem a destruição de "alvos capitalistas", como agências bancárias e prédios públicos. O substantivo *bloc* em inglês significa bloco ou grupo de países ou pessoas com os mesmos objetivos políticos. Daí a expressão *black bloc,* em que o adjetivo *black* faz referência às roupas escuras usadas por esses manifestantes.

BLACK FRIDAY É a quarta sexta-feira de novembro, um dia após o *Thanksgiving Day* (Dia de Ação de Graças), feriado tradicional nos Estados Unidos. Milhares de pessoas vão às compras nessa sexta-feira de novembro, atraídas pelos superdescontos oferecidos pelo comércio varejista. De origem americana, o *black Friday* se expandiu para vários outros países do mundo, incluindo o Brasil, onde a data é muito aguardada por consumidores ávidos em fazer bons negócios. A denominação *black Friday* (sexta-feira negra) teria surgido como resultado dos grandes congestionamentos causados pelo deslocamento das pessoas às lojas nessa data, que é considerada o início da temporada de compras de fim de ano. Há também a versão de que com o grande número de pessoas fazendo compras, esse dia marca a mudança de vermelho (saldo negativo) para preto (saldo positivo, em países anglófonos) na contabilidade dos lojistas, daí *black Friday.*

BLACK POWER *Black power* (poder negro) é uma expressão associada ao movimento surgido entre os membros da comunidade negra americana na década de 1960. O movimento defendia a expressão cultural da população afro-americana em todos os seus aspectos. O chamado cabelo *black power* (cabelos naturalmente crespos), adotado por muitos na época, representou um dos principais símbolos do movimento e era uma forma de expressar o orgulho e afirmação da própria raiz negra. Vale lembrar que esse estilo de cabelo é popular até hoje entre membros de comunidades negras de todo o mundo.

BROTHER A palavra *brother* (irmão) é às vezes empregada no Brasil para se referir a um amigo próximo. *Brother*, nesse contexto, é equivalente ao termo coloquial "mano". Ex.: "E aí, *brother*/mano, tudo na santa paz?". Há também a forma abreviada e informal de *brother*: *bro*.

BULLYING Humilhação que pode evoluir para a agressão física, praticada por uma pessoa ou grupo de pessoas contra alguém, de forma intencional e sistemática. Por ser um problema no ambiente escolar, o *bullying* ganhou notoriedade e tem sido tema recorrente de discussões entre pais, mestres e mantenedores de escolas. A agressão psicológica e a opressão causadas pelo *bullying* frequentemente traumatizam as vítimas e as levam a desenvolver baixa auto-estima. Em inglês, há também o verbo *bully/bullied/bullied* (intimidar, maltratar, perseguir, oprimir) e o substantivo *bully* (valentão, intimidador). Além disso, o termo *cyberbullying* é empregado para descrever o *bullying* virtual, praticado através da *internet*.

COLIVING Moradia conjunta em que pessoas com as mesmas afinidades compartilham áreas comuns de uma casa, como a sala de estar, cozinha, área de serviço e garagem. O anglicismo *coliving* é formado da junção do prefixo *co* (juntos) com o verbo *living* (vivendo, morando). O modelo de moradia compartilhada ainda está engatinhando no Brasil, mas o termo *coliving* já começa a aparecer na mídia impressa e digital brasileira.

COUNTRY A chamada "moda *country*" remete ao estilo (roupa, mobília, etc.) rural dos Estados Unidos, em especial das regiões sul e oeste americanas. A música *country* (*country music*) é um gênero de música popular americana inspirada em temas rurais ou folclóricos, caracterizado por melodias simples e instrumentos de corda como o banjo, violão e violino. O substantivo *country* na língua inglesa pode significar campo, interior, região rural e também país.

Confira os exemplos a seguir: *Jeff's life changed completely when he moved from the country to the city* (A vida do Jeff mudou completamente quando ele se mudou do interior para a cidade). *Brazil is the fifth largest country in the world* (O Brasil é o quinto maior país do mundo).

COWORKING Expressão formada a partir da junção do prefixo *co* (juntos) com o verbo *working* (trabalhando), transmitindo a ideia de "trabalhando conjuntamente ou em comunidade". Com efeito, o conceito de *coworking* é baseado no compartilhamento de espaço de trabalho e de outros recursos, tais como *internet* de alta velocidade, salas de reunião, serviço de copa, etc. O *coworking* pode ser uma boa alternativa para *freelancers* (p. 118) que preferem trabalhar em um ambiente com mais pessoas e assim fugir do trabalho solitário do *home office* (p. 120). Aqueles que compartilham um espaço de trabalho podem também se beneficiar do *networking* (p. 123) com profissionais de diversas áreas, uma das vantagens que o ambiente de *coworking* propicia.

CRINGE O anglicismo *cringe* viralizou no Brasil em 2021 como uma gíria para se referir a algo ou alguém que causa constrangimento por ser fora de moda, brega ou ultrapassado. Expressão usada principalmente pela geração Z, os chamados "nativos digitais", para se referir às gerações anteriores, como é o caso da geração *millennial* (p. 180).

CROSSDRESSER Anglicismo formado pelos verbos *cross* (cruzar), *dress* (vestir) e o sufixo *er*, que transforma um verbo em substantivo. Termo empregado para designar a pessoa que se veste de forma "invertida", alguém que no dia a dia, ou eventualmente, usa roupas do sexo oposto.

CROWDFUNDING De *crowd* (multidão, público) e *funding* (financiamento). Financiamento coletivo através da *internet*, também conhecido pela expressão informal "vaquinha *online*". Trata-se da arrecadação de dinheiro feita através de plataformas virtuais com esse propósito, em que as pessoas contribuem espontaneamente para financiar projetos de empresas emergentes, campanhas políticas, socorro a regiões afetadas por desastres naturais ou outras causas. *Crowdfunding* é mais um termo que surgiu com o avanço da revolução digital.

CYBER CAFÉ/CIBERCAFÉ De *cyber*, abreviação de *cybernetic* (cibernético) e *café* (café, cafeteria). O mesmo que "cibercafé". Estabelecimento comercial que, além dos serviços de uma lanchonete, disponibiliza também aos seus clientes computadores para acesso à *internet*. As grafias, *cyber café*, *cybercafé* ou *cybercafe* são empregadas na língua inglesa. Além disso, há também a forma variante *internet café*.

DARK De *dark* (escuro, sombrio). Anglicismo empregado para descrever o estilo de vestir, roupas predominantemente pretas, e de se comportar, de forma melancólica e triste, dos membros desse movimento urbano. O chamado movimento *dark* no Brasil tem raízes na subcultura gótica (*goth subculture)* inglesa iniciada no final dos anos 70 e está associado ao gênero musical pós-punk. Nos países de língua inglesa, os *darks* são chamados de *goths*. Confira a frase a seguir: *I saw some goths hanging out at the cemetery last night* (Vi alguns *darks* no cemitério ontem à noite).

DRAG QUEEN Anglicismo empregado para designar o homem que se veste e se produz com roupas femininas extravagantes, maquiagem carregada e que se apresenta como artista em festas, boates *LGBTQIAP+* (p. 159), casas de espetáculo e outros locais. As *drag queens* e os *drag kings* (mulheres que se travestem de homem) são artistas performáticos, também chamados de transformistas (*drag artists*). A expressão *drag queen* é formada pelas palavras *drag* (roupas femininas usadas por um homem) e *queen* (rainha). Veja a seguir um exemplo contextualizado da palavra *drag* em inglês: *He showed up at the party dressed in drag* (Ele apareceu na festa vestido de mulher). Por último vale lembrar que *drag/dragged/dragged* (arrastar) funciona também como verbo na língua inglesa. Ex.: *It took three men to drag the heavy wardrobe* (Foi preciso três homens para arrastar o armário pesado).

ESCORT/ESCORT GIRL Acompanhante contratada através de uma agência especializada (*escort agency, escort service*) e que frequentemente também presta serviços sexuais. *Escort/escorted/escorted* (acompanhar, escoltar) é também um verbo na língua inglesa. Ex.: *Two security guards escorted the mayor into the building* (Dois seguranças escoltaram o prefeito até o prédio).

ESTABLISHMENT Ordem política, econômica e ideológica estabelecida em uma sociedade ou estado. O mesmo que "sistema". A expressão *establishment* também faz referência ao grupo de pessoas influentes que detém o poder político e econômico em um país.

FAKE O anglicismo *fake* (falso) se popularizou no Brasil com a disseminação das redes sociais (Facebook, Twitter, Instagram e outras) e o consequente surgimento dos chamados "perfis *fake*", utilizados por pessoas que desejam ocultar as suas verdadeiras identidades. Por extensão o termo *fake* passou a ser empregado no Brasil para se referir a qualquer coisa que não seja verdadeira ou autêntica. *Fake/faked/faked* (fingir, simular, falsificar) funciona também como verbo na língua inglesa. Confira os exemplos: *Reynold faked a stomachache and said he'd rather stay home than go to the party* (Reynold simulou uma dor de estômago e disse que preferia ficar em casa em vez de ir à festa). *She faked her ex-husband's signature and tried to cash the check* (Ela falsificou a assinatura do ex-marido e tentou sacar o cheque).

FAKE NEWS Embora a expressão *fake news* (notícias falsas) seja contemporânea, notícias falsas sempre existiram ao longo da história. A grande questão é que, com o avanço da tecnologia digital, as *fake news* podem hoje em dia ser fabricadas e difundidas com uma velocidade e alcance jamais antes imaginados. As *fake news* frequentemente têm motivação política ou financeira, sendo às vezes também utilizadas para gerar audiência a um veículo de comunicação ou aumentar o número de cliques em anúncios virtuais.

FLOWER POWER *Flower power* (poder da flor) foi um *slogan* (p. 105) usado pelos *hippies* (p. 176) na década de 1960, que resumia uma das ideologias do movimento de contracultura da época: a não-violência, a luta contra as armas. Acredita-se que a expressão *flower power* foi usada pela primeira vez pelo poeta *beat* (p. 169) Allen Ginsberg, em 1965. Um dos primeiros atos que ajudaram o *slogan flower power* a se popularizar foi uma manifestação contra a guerra do Vietnã, na cidade de Berkeley, na Califórnia.

GAY O significado original da palavra *gay* na língua inglesa é feliz, alegre ou festivo. Há relatos de que na década de 1930 a palavra *gay* teria adquirido a conotação de "homossexual", a partir da abreviação de uma expressão informal do submundo da época, *gay cat* (garoto homossexual). Embora o termo seja empregado para se referir tanto ao homem quanto à mulher homossexual, *gay* é uma expressão mais comumente associada ao homossexual masculino. Segue agora uma dica para você que também quer melhorar o seu inglês. Você sabia que a expressão "sair do armário" é uma tradução literal de *come out of the closet?* Ex.: *Andy felt relieved as soon as he came out of the closet* (Andy sentiu-se aliviado assim que assumiu a homossexualidade). Pode-se também usar nesse contexto apenas o *phrasal verb* (verbo frasal) *come out.* Ex: *Jason came out to his family and friends shortly after he turned sixteen* (Jason assumiu a homossexualidade para a família e amigos logo depois de fazer dezesseis anos).

GENTLEMAN Palavra formada da junção do adjetivo *gentle* (gentil) com o substantivo *man* (homem): "homem gentil", em tradução literal. *Gentleman* é sinônimo de cavalheiro.

GHOSTING De *ghost* (fantasma). Expressão empregada para se referir ao término abrupto de um relacionamento em que uma das pessoas, sem dar explicações, simplesmente corta todo tipo de comunicação e desaparece como se fosse um "fantasma". A pessoa passa repentinamente a não mais atender as ligações ou responder as mensagens de texto do outro, ignorando-o completamente.

GLAMOUR Qualidade de alguém ou algo que é charmoso, elegante, fascinante ou sedutor, conforme exemplificado nas frases: "o *glamour* de Hollywood", "uma atriz com muito *glamour*". Alguns sinônimos de *glamour* são encanto, charme, magnetismo e fascinação. A origem da palavra *glamour* está associada à palavra *grammar* (gramática), que nos tempos medievais significava também erudição, nessa época restrita a poucos. Acreditava-se que os poucos eruditos tivessem poderes especiais, sendo até capazes de fazer magia ou encantamentos. A partir de meados do século XVIII, a palavra *glamour* passou a se distanciar da conotação mágica e assumir o significado atual. Em inglês americano usa-se a grafia *glamor*.

HALLOWEEN "Dia das Bruxas", festa de origem anglo-americana comemorada no dia 31 de outubro em vários países do mundo. As escolas de inglês no Brasil ajudaram a disseminar o conceito e as comemorações de *Halloween* no país, onde tradicionalmente ocorre um grande número de festas em que as pessoas comparecem fantasiadas. A popular frase *trick or treat?*, repetida por crianças de países anglófonos, que costumam sair em grupos para pedir doces na vizinhança nessa data, já conta com a versão brasileira: "gostosuras ou travessuras"? O nome *Halloween* deriva de *All Hallows' Eve*. *Hallow* em inglês arcaico significa "santo" e *eve* é o mesmo que véspera, ou seja, "a noite anterior ao Dia de Todos os Santos", que é comemorado em primeiro de novembro.

HAPPY HOUR Expressão formada pelo adjetivo *happy* (feliz) e o substantivo *hour* (hora). Momento de descontração, normalmente no final da tarde e após o expediente de trabalho, em que colegas de escritório ou amigos se reúnem em bares para beber, comer algo e conversar. Para atrair a clientela alguns estabelecimentos oferecem promoções durante esse período. Na língua inglesa, a expressão *happy hour* está diretamente associada aos descontos e promoções oferecidas. Confira a frase a seguir: *I love going to that pub. All drinks are half price during happy hour* (Adoro ir àquele *pub*. Todos os *drinks* custam metade do preço durante a *happy hour*).

HARDCORE De *hard* (duro, forte) e *core* (centro, âmago, núcleo). Refere-se a qualquer coisa que é feita de forma extrema, mais agressiva ou acelerada: *"hardcore punk","hardcore hip-hop", etc.* Pode também qualificar uma pessoa ou grupo de pessoas que é entusiasta e intransigente em relação a uma causa. Além disso, o anglicismo *hardcore* é empregado como sinônimo de "pornográfico" ou "obsceno" (filme *hardcore*).

HATER Do verbo *hate* (odiar). Em tradução livre *hater* significa "aquele que odeia". Anglicismo empregado nas redes sociais para qualificar alguém que posta comentários de ódio contra uma pessoa ou grupo. Muitas vezes o que motiva um *hater* é a inveja do sucesso alheio, o que explica o fato de celebridades serem alvos constantes de *haters*. O comportamento de um *hater* pode ser descrito como *cyberbullying* (ver *bullying* p. 170).

HIGH SOCIETY Em tradução literal significa "alta sociedade". Anglicismo empregado com o sentido de classe alta, grupo constituído por pessoas com alto poder aquisitivo, em especial a elite elegante que frequenta lugares badalados.

HIP-HOP Movimento de expressão cultural jovem e urbano surgido na década de 1970 nos Estados Unidos. O *hip-hop* é baseado na arte, dança, música *rap* (p. 135) e grafite. Termo também empregado como sinônimo do estilo musical *rap* ou para se referir à cultura associada a esse estilo musical.

HIPPIE Movimento jovem surgido na década de 1960 em São Francisco, nos Estados Unidos. Os *hippies* rejeitavam os valores e costumes tradicionais, pregavam o amor livre, a não violência, o respeito à natureza e a igualdade de direitos. Desprezavam o trabalho formal e a sociedade de consumo, e tinham uma postura liberal em relação ao uso de drogas. Viviam em comunidades alternativas, usavam cabelos compridos e vestiam-se de forma não convencional. O memorável festival de Woodstock, que aconteceu em 1969 no Estado de Nova York, foi um dos pontos altos do movimento *hippie* e contou com a presença de alguns dos principais artistas e bandas da época, como Joan Baez, Janis Joplin, The Who, Jimi Hendrix, Credence Clearwater Revival e The Grateful Dead, entre outros. A denominação *hippie* ainda é amplamente usada hoje em dia para se referir à pessoa que adota o estilo e comportamento típicos desse movimento, cujo lema é "paz e amor". É oportuno também lembrar o *slogan* (p. 105) pacifista *hippie*: *Make love, not war* (Faça amor, não guerra). A grafia variante *hippy* também é usada na língua inglesa.

HIPSTER Jovem moderno e descolado, que cuida bem da aparência e com estilo próprio e original. O *hipster* costuma se vestir de forma não convencional, combinando peças de roupa de estilo moderno e clássico, frequentemente compradas em brechós. É contrário a tudo que é comercial e popular e se opõe às convenções sociais.

HOME CARE De *home* (lar, casa) e *care* (cuidados, supervisão). Modalidade de assistência médica-hospitalar prestada na casa do paciente. Pode incluir os cuidados de enfermeiros, fisioterapeutas ou outros profissionais de saúde, bem como aparelhos hospitalares que possam ser transferidos para a casa do paciente. Uma das vantagens da modalidade *home care* de atendimento é que o paciente é tratado em contato constante com a família, o que pode ajudá-lo na recuperação. Além disso, o paciente não fica exposto aos riscos de infecção do ambiente hospitalar.

HOME OFFICE De *home* (lar, casa) e *office* (escritório). Em tradução livre, "escritório em casa". Regime de trabalho em que o funcionário desempenha em sua residência as funções que lhe competem na empresa em que trabalha. A pandemia de *COVID-19* (p. 50) e a decorrente necessidade de distanciamento social (para evitar a transmissão do vírus) levou um grande número de pessoas em todo o mundo a adotar a modalidade *home office* de trabalho. O chamado "teletrabalho", ou trabalho remoto, refere-se tanto à modalidade *home office* quanto ao trabalho feito a partir de qualquer lugar onde há uma boa conexão com a *internet*, como, por exemplo, cafeterias, espaços de *coworking* (p. 171) e outros.

HOOLIGAN Torcedor violento que participa de atos de vandalismo e se envolve em brigas e tumultos, especialmente em estádios de futebol. O uso desse anglicismo na língua portuguesa tem origem na expressão *football hooligan*, que é o torcedor de futebol baderneiro e violento da Inglaterra. A palavra *hooligan* é empregada de forma genérica na língua inglesa, como sinônimo de vândalo, desordeiro, baderneiro ou arruaceiro. Ex.: *A gang of hooligans broke some windows in stores in the downtown area last night* (Um grupo de vândalos quebrou algumas vitrines em lojas da área central da cidade ontem à noite).

HOST "Anfitrião" que recebe e entretém convidados ou hóspedes. Em linguagem de informática *host* é o servidor que hospeda *sites* (p. 203) ou o computador principal em uma rede. Além disso, a palavra *host* também é empregada na língua inglesa para se referir ao apresentador de um programa de televisão. Ex.: *David Letterman was a well-known talk show host in the U.S.* (David Letterman foi um apresentador de programas de entrevistas muito conhecido nos Estados Unidos). A forma feminina de *host* é *hostess* (anfitriã), palavra empregada no Brasil e em países de língua inglesa com o sentido de anfitriã que recebe os clientes em um restaurante e os acompanha até a mesa, conforme exemplificado na frase: "Assim que chegamos ao restaurante, a *hostess* se prontificou a levar-nos a uma mesa de nossa escolha".

HOTLINE De *hot* (quente) e *line* (linha telefônica). Expressão equivalente em português a "linha direta". Uma das mais famosas *hotlines* ficou conhecida como o "telefone vermelho". Essa linha telefônica conectava o governo dos Estados Unidos e o da Rússia, na época da Guerra Fria. O telefone vermelho era na verdade um telefone sem botões, pois bastava tirá-lo do gancho para imediatamente fazer contato com o outro lado, em casos de emergência. O anglicismo *hotline* é usado hoje em dia para se referir a uma linha telefônica que está sempre à disposição para dar assistência imediata aos clientes de uma empresa, ou usuários de um serviço, como na frase: "Caso necessite de informações, entre em contato com a nossa *hotline*".

JET SET De *jet* (avião a jato) e *set* (grupo, círculo). Em tradução livre, "grupo social que se desloca de avião a jato". Expressão já em desuso no Brasil, mas ainda às vezes empregada para se referir à elite social com alto poder aquisitivo.

JUNKIE Termo coloquial empregado para descrever uma pessoa viciada em drogas. *Junkie* é sinônimo de "drogado ou viciado". O anglicismo *junkie* está associado à palavra *junk* (droga, tóxico, porcaria). A grafia *junky*, menos usual, também é empregada na língua inglesa.

LADY Mulher refinada, distinta e de boa posição social. Uma "dama", tradução para o português do substantivo inglês *lady*. Anglicismo empregado no Brasil: "Ela é muito refinada e culta, uma verdadeira *lady*". *Lady* grafado com L maiúsculo é também um título concedido às senhoras da nobreza no Reino Unido. Uma das mais famosas *Ladies* de todos os tempos foi *Lady Di* (Diana Frances Spencer), primeira esposa do Príncipe Charles (agora Rei Charles III), falecida precocemente aos 36 anos em um acidente de carro em Paris, em 1997.

LGBTQIAP+ ver **Siglas e abreviações** p. 150

LOBBY Salão amplo na entrada de um hotel, cinema ou teatro. Termo também empregado para se referir à atividade de um grupo organizado que busca exercer influência no voto e nas decisões de políticos, tendo em vista os interesses do grupo: *lobby* do petróleo, *lobby* das indústrias farmacêuticas, *lobby* antiaborto, etc. As primeiras ações de *lobby* teriam sido iniciadas no século XIX nos grandes salões de hotéis de luxo, onde os candidatos a altos cargos públicos ficavam hospedados. Nesses locais ocorriam debates e os candidatos eram abordados por representantes de empresas que vinham trazer as suas demandas. A expressão "fazer *lobby*" e o substantivo "lobista" vieram na esteira desse anglicismo bastante difundido no Brasil.

LOSER Anglicismo empregado informalmente com o sentido de "perdedor, fracassado ou inútil", conforme exemplificado na frase: "Aquele cara é um *loser* mesmo, tudo o que ele faz dá errado". O substantivo *loser* é formado a partir do verbo irregular *lose/lost/lost* (perder) acrescido do sufixo *er* (no caso apenas "r" pois o verbo no tempo presente já termina em "e"), empregado para designar o agente de uma ação.

LOW PROFILE De *low* (baixo) e *profile* (perfil). O mesmo que "discreto", como no exemplo: "Ele é um *CEO* (p. 151) *low profile*, evita aparecer na mídia e se mantém distante das redes sociais".

MAINSTREAM De *main* (principal) e *stream* (fluxo, corrente). Anglicismo empregado para se referir a ideias, modas, música, produtos ou métodos que são "predominantes, consagrados e populares". Expressão com sentido oposto a alternativo (ver *underground* p. 186 e *indie* p. 156).

MELTING POT Expressão formada a partir do verbo *melt/melted/melted* (derreter) e do substantivo *pot* (pote, caldeirão). Em sentido literal significa "caldeirão em que metais ou outros materiais são derretidos e misturados". No sentido figurado *melting pot* é uma referência a um lugar onde pessoas de etnias diferentes, com classes sociais, culturas e religiões diversas, se misturam e convivem. Veja agora uma frase em inglês com essa expressão contextualizada: *New York is one of the greatest melting pots in the world* (Nova York é um lugar onde há uma das maiores misturas de raças e culturas do mundo).

MILLENNIAL Geração nascida nas décadas de 1980 e 1990, a chamada Geração Y. O uso da palavra *millennial* (milenar) está associado ao fato dessa geração ter ingressado na vida adulta no início do atual milênio. O que torna a geração especial é o fato dela ter crescido em um ambiente globalizado e de grandes avanços tecnológicos, com acesso a uma quantidade de informação até então inimaginável.

MINDFULNESS Termo formado pela palavra *mind* (mente), o sufixo *ful* (cheio de, pleno de) e o sufixo *ness*, que transforma o adjetivo *mindful* (consciente) em um substantivo. Em tradução livre *mindfulness* significa "atenção plena". É uma técnica de meditação caracterizada pelo estado mental alcançado ao focar a atenção no momento presente. Alguns dos benefícios relatados pelos praticantes do *mindfulness* são a redução da ansiedade e do estresse, a prevenção da depressão e a satisfação com o corpo, o que contribui para um melhor bem-estar emocional.

MOOD Anglicismo que vem se popularizando através das redes sociais, empregado para expressar a forma como estamos nos sentindo em um determinado momento. *Mood* é sinônimo de "humor, estado de espírito ou astral". Em inglês existe também o adjetivo *moody* (temperamental). Ex.: *Be careful what you say to her. She's very moody* (Cuidado com o que você vai dizer para ela. Ela é muito temperamental).

MOTEL O nome *motel* surgiu da combinação das palavras ***motor*** (motor) e ***hotel*** (hotel). Esse termo surgiu a partir da intenção de se criar um local onde as pessoas motorizadas (motoristas) pudessem pernoitar antes de continuarem suas viagens de automóvel. Essa foi a ideia original que impulsionou o desenvolvimento desse tipo de acomodação nos Estados Unidos, sendo que os primeiros motéis surgiram à beira de rodovias americanas movimentadas. É importante observar que embora alguns motéis no Brasil também sejam usados com essa finalidade, a grande maioria é voltada para atender um público em busca de um local privativo e sigiloso para encontros amorosos e sexuais.

NERD Termo informal empregado para se referir a alguém que se dedica aos estudos ou ao trabalho de forma excessiva e que costuma evitar a interação social, preferindo atividades intelectuais. Os *nerds* costumam ser solitários, antissociais e às vezes têm uma aparência excêntrica.

NUDE Anglicismo usado em mensagens trocadas nas redes sociais e aplicativos de comunicação, como o WhatsApp e outros. O termo *nude* (nu, pelado, sem roupas) se popularizou através de frases como "manda *nudes*", "que tal umas *nudes*" e outras do tipo, em que se pede que a pessoa envie fotos suas sem roupas. Na língua inglesa, *nude* também é empregado com o sentido de "nu artístico", como em um quadro ou escultura. Ex.: *We've seen some beautiful nudes at the museum* (Vimos alguns nus artísticos bonitos no museu).

OUTSIDER Termo formado pela palavra *outside* (do lado de fora) acrescido do sufixo *er*, utilizado em inglês para designar o agente de uma ação. Em tradução livre "aquele que está do lado de fora". Com efeito, o anglicismo *outsider* refere-se a uma pessoa que não pertence a um determinado grupo, Ex.: "Ele tem dificuldade de se integrar aos colegas da escola, é visto como *outsider*". É também uma expressão empregada no turfe e, de forma genérica, para se referir ao cavalo ou concorrente com poucas possibilidades de vencer, equivalendo nesse contexto ao termo coloquial "azarão".

PAY PER USE Em tradução livre significa "pague pelo uso". Sistema disponibilizado por alguns condomínios residenciais em que algumas facilidades e serviços como limpeza, *baby-sitter* (p. 138), massagista, lavanderia, *personal trainer* (p. 142) e outros são oferecidos aos moradores, que pagam à parte pelos serviços que usarem. O conceito *pay per use* alia moradia e prestação de serviços, oferecendo comodidade e mais segurança aos condôminos. A grafia *pay-per-use* (com hífens) também é às vezes empregada.

PAY-PER-VIEW Expressão formada pelas palavras *pay* (pagar), *per* (por) e *view* (visualização). É um serviço oferecido por operadoras de TV por assinatura, que possibilita ao assinante pagar para assistir a um determinado programa. A grafia *pay per view* (sem hífens) também é às vezes usada.

PET FRIENDLY De *pet* (animal de estimação) e *friendly* (amigável). Em tradução livre "amigo dos animais". Expressão vista em placas à entrada de vários estabelecimentos (lojas, restaurantes, hotéis, shoppings, etc.) para indicar que o animal de estimação do cliente é bem-vindo.

PLAYBOY De *play* (brincar, jogar) e *boy* (garoto, rapaz, moço). Jovem rico, solteiro, frequentador de festas e eventos sociais e dado a conquistas amorosas. O termo *playboy* surgiu na década de 1950, quando os Estados Unidos viviam um *boom* (p. 110) econômico, o que possibilitou que jovens filhos de famílias que haviam enriquecido pudessem ter uma vida social intensa, muitas vezes ostentando riqueza e esbanjando dinheiro. O anglicismo *playboy* é às vezes usado hoje em dia de forma pejorativa, para se referir ao jovem rico e esnobe. A forma abreviada *boy* (p. 146) é empregada como sinônimo de *playboy*.

PUNK Movimento musical e cultural surgido na Inglaterra na década de 1970. Os *punks* contestavam de forma agressiva os valores sociais vigentes, manifestando-se através da música (rock pesado e raivoso), do vestuário, penteados e comportamento. *Punk* é o termo utilizado para se referir ao adepto desse movimento, bem como ao que é relativo a ele: moda *punk*, estilo *punk*, cultura *punk*, etc. Além disso, dizemos às vezes informalmente que "algo é *punk*", para descrever uma situação ou atividade que é intensa, frenética ou "pauleira", conforme exemplificado na frase: "A corrida foi *punk*, 10 km de muito sol e algumas rampas".

RAVE Festa dançante com música eletrônica, realizada em local amplo e ao ar livre e que pode durar muitas horas ou até dias. As *raves* costumam acontecer em regiões rurais (sítios ou chácaras) e atraem centenas de jovens. Essas festas são assim chamadas por influência do verbo inglês *rave* (delirar), que está associado ao consumo de álcool e drogas, comum nesses tipos de eventos.

REVIVAL Substantivo formado a partir do verbo *revive* (reviver, trazer de volta). Trata-se do resgate de tendências e modismos de épocas anteriores. Um interesse renovado por algo do passado como, por exemplo, um estilo de música, uma moda, filmes, livros, peças de teatro, etc.

SAVE THE DATE Uma tradição americana que está se popularizando em vários países do mundo, inclusive no Brasil. *Save the date*, em tradução livre "reserve a data", é o pré-convite de casamento enviado com bastante antecedência aos convidados, para que eles não marquem algum outro compromisso na mesma data. O *save the date* costuma ser enviado pelo menos seis meses antes da data do casamento e é também útil para os convidados poderem se organizar para o evento, o que inclui as roupas usadas na cerimônia, o presente para os noivos e, no caso do casamento ser em outra cidade, reserva de hotel, compra de passagens, etc. Embora o uso da expressão *save the date* esteja originalmente ligada a casamentos, é comum ver essa expressão ser usada no Brasil para outros eventos importantes como aniversários, noite de autógrafos, inaugurações, etc.

SELFIE Foto que as pessoas tiram de si mesmas com um *smartphone* (p. 203) e que frequentemente é postada nas redes sociais. *Selfie* é a forma abreviada do inglês *self-portrait* (autorretrato). Do neologismo *selfie* surgiu a expressão *selfie stick* (pau de selfie), acessório em forma de bastão, utilizado como cabo extensor em que se acopla o *smartphone*. O pau de *selfie* permite um maior distanciamento do foco da *selfie* e é normalmente usado para tirar fotos de grupos de pessoas.

SELF-MADE MAN Anglicismo formado pelas palavras *self* (próprio, auto-), *made* (feito) e *man* (homem), o que remete a "homem que se fez por si próprio" em tradução livre. Define aquele que se tornou bem-sucedido pelo próprio esforço, trabalho e qualidades.

SERIAL KILLER Expressão formada pelas palavras *serial* (serial) e *killer* (assassino). O mesmo que "assassino em série". Criminoso psicopata que comete assassinatos com frequência e normalmente deixa vestígios que caracterizam a forma como costuma executar suas vítimas.

SEXY Que é sexualmente atraente ou sensual, conforme exemplificado na frase: "Ela estava super *sexy* em seu vestido preto decotado".

SEX APPEAL De *sex* (sexo, sexual) e *appeal* (apelo, atrativo). Em tradução literal "apelo sexual". O mesmo que sensualidade. Anglicismo empregado para se referir ao poder de atração que uma pessoa exerce em outra, estimulando o desejo sexual.

SEX SHOP Anglicismo formado pelas palavras *sex* (sexo) e *shop* (loja). Loja especializada na venda de artigos eróticos (vibradores, lingerie erótica, preservativos, cremes, etc.) que objetivam estimular a atividade e o prazer sexual. Além das lojas físicas, há também as *sex shops* virtuais que recebem pedidos *online* (p. 200).

SIR Forma de tratamento respeitosa dispensada a homens. O mesmo que "senhor". *Sir* também é um título conferido pela coroa britânica a personalidades notáveis que se destacam em vários segmentos. Ser agraciado com o título de *Sir*, honra concedida por Sua Majestade Britânica, significa integrar o seleto grupo dos *Knights of the British Empire* (Cavaleiros do Império Britânico). Algumas personalidades artísticas condecoradas com o título de *Sir* incluem: Sir Paul McCartney, Sir Anthony Hopkins, Sir Elton John e Sir Sean Connery.

SKINHEAD De *skin* (pele) e *head* (cabeça), em tradução livre "cabeça-raspada". O anglicismo *skinhead* designa o jovem de cabelo raspado que normalmente demonstra comportamento violento contra imigrantes, negros, homossexuais e outras minorias. Muitos *skinheads* são partidários da supremacia branca e adotam atitude neonazista. A vestimenta típica dos *skinheads* frequentemente inclui botas pesadas (coturnos), suspensórios e adereços como correntes e *piercings* (p. 216).

SOCIALITE Pessoa (normalmente mulher) que pertence à classe alta da sociedade e que costuma figurar nas colunas sociais de jornais e revistas, bem como nas redes sociais. O anglicismo *socialite* é sinônimo de colunável.

STALKER Anglicismo formado da junção do verbo *stalk* (perseguir) com o sufixo *er*, que transforma um verbo em substantivo. Pessoa que de forma insistente e obsessiva persegue e importuna alguém, resultando, em alguns casos, em ataques e agressões. Embora muitas vezes a pessoa perseguida seja uma celebridade – ou uma celebridade instantânea devido à superexposição nas mídias sociais –, este nem sempre é o caso. Hoje em dia as várias redes sociais disponíveis no universo digital possibilitam ao *stalker* (perseguidor) espreitar e importunar a sua vítima, situação que é conhecida por *cyberstalking*.

SUGAR DADDY De *sugar* (açúcar) e *daddy* (papai). Homem maduro e bem-sucedido financeiramente que se relaciona com mulher atraente e bem mais jovem (*sugar baby*), patrocinando um estilo de vida luxuoso, que frequentemente inclui viagens e presentes. De acordo com as fontes pesquisadas, a expressão *sugar daddy* teria surgido por volta de 1908, com o casamento do americano Adolph Spreckles, de 51 anos, com Alma de Bretteville, uma jovem de 27 anos. Adolph era herdeiro – juntamente com o irmão – de uma indústria que fabricava açúcar e, segundo consta, Alma se referia ao marido como sendo o seu *sugar daddy*. A versão feminina do *sugar daddy*, a *sugar mommy* (ou *sugar mama*), é a mulher independente, experiente e rica que se relaciona com homem mais jovem, proporcionando-lhe uma vida agradável e sem preocupações financeiras. O homem que é patrocinado nesse caso também é chamado de *sugar baby*.

Obs: *Sugar daddy* também é o nome do pirulito de caramelo com leite fabricado pela indústria americana Tootsie Roll desde 1925.

SWING Prática sexual popularmente conhecida como "troca de casais", em que dois ou mais casais trocam de parceiros. O anglicismo *swing* também é usado no boxe com o sentido de golpe violento aplicado lateralmente, e na música, para se referir ao estilo de *jazz* (p. 134) muito popular nas décadas de 1930 e 1940, com ritmo intenso e tocado por grande orquestra dançante. A grafia aportuguesada "suingue" também é empregada.

TEEN Abreviação informal de *teenager* (adolescente). O anglicismo *teen* faz referência à faixa etária que vai dos treze (*thirteen*) aos dezenove (*nineteen*) anos, Ex.: "Um evento voltado para o público *teen*".

TOPLESS Anglicismo formado da junção das palavras *top* (topo, parte de cima) e *less* (menos). Fazer *topless* é deixar os seios descobertos. A expressão equivalente a "fazer *topless*" em inglês é *go topless*. Ex.: *She often goes topless on the beach* (Ela faz *topless* na praia com frequência).

TROLL Internauta que posta comentários ofensivos ou maldosos em fóruns de discussão *online* (p. 200), com o objetivo de provocar outros participantes do fórum e desestabilizar a discussão. Há vários tipos de *troll*, desde o que faz provocações insistentes, buscando baixar o nível da discussão, até o "*troll* intelectual", com bom nível cultural e vocabulário refinado, cujo prazer é contestar os seus interlocutores, expondo-os ao ridículo e questionando sua formação acadêmica-cultural. Há relatos de que a palavra *troll* tenha origem na mitologia nórdica, em que teria o sentido de "criatura sobrenatural imaginária que habita cavernas e montanhas".

UNDERGROUND Movimento alternativo com postura de vanguarda. O movimento *undergound* questiona e contesta os valores culturais vigentes e está presente na literatura, cinema, música, teatro e artes em geral: cinema *underground*, música *underground*, etc. , caracterizando-se por não ser convencional (ver *mainstream* p. 179). Vale lembrar que *underground* é como é chamado o metrô na Inglaterra. Os ingleses também usam o termo informal *tube* para se referir ao *undeground*: Ex.: *Mr. Campbell takes the tube/underground to work every day* (O sr. Campbell vai de metrô para o trabalho todos os dias).

WASP ver **Siglas e abreviações** p. 150

TECNOLOGIA E MUNDO DIGITAL

APP ver **Siglas e abreviações** p. 150

BACKUP "Cópia de segurança" que se faz regularmente de um arquivo ou grupo de arquivos de um computador. A forma aportuguesada "becape" é menos usual. O *phrasal verb* (verbo frasal) *back up* é empregado na língua inglesa com os seguintes significados: "apoiar, fazer *backup* (fazer uma cópia) e dar marcha à ré". Confira as frases contextualizadas a seguir: *Thanks for backing me up at the meeting* (Obrigado por me apoiar na reunião). *Let's back up the files just to be on the safe side* (Vamos fazer uma cópia dos arquivos só para garantir). *Jim accidentally backed up into another car* (Ao dar marcha à ré, Jim bateu acidentalmente em outro carro).

BIG DATA De *big* (grande) e *data* (dados). A expressão *big data* refere--se ao grande volume de dados gerado constantemente pelo meio digital, e como o cruzamento de todas essas informações pode ajudar as empresas a melhorar os seus processos. Entre alguns exemplos de uso da *big data* estão a criação de novos produtos ou serviços a partir de nichos identificados ou o planejamento de ações de *marketing* (p. 103) direcionadas para o público de uma empresa, agregando assim maior valor ao seu negócio.

BIT Combinação das palavras *binary* (binário) e *digit* (dígito). O termo *bit* refere-se à menor unidade de informação com a qual um computador trabalha.

BLOG Abreviação de *weblog*, que por sua vez é composta das palavras *web* (p. 207) e *log* (registro, diário), ou seja, "diário virtual" em tradução livre. Um *blog* é basicamente uma página da *internet* (p. 196) atualizada com frequência em que o autor ou autores compartilham informações, notícias, artigos, relatos de experiências pessoais ou divulgam algum produto ou serviço. A versão aportuguesada "blogue" é menos usual na mídia impressa e digital brasileira.

BLUETOOTH Tecnologia *wireless* (p. 207), "sem fio", usada em distâncias curtas que permite que computadores, *smartphones* (p. 203) e outros dispositivos móveis se comuniquem entre si sem estar conectados por fios.

BLU-RAY Termo formado da junção das palavas *blu*, corruptela de *blue* (azul), e *ray* (raio). Disco óptico, do tamanho de um *CD* (p. 151), para armazenamento de som e imagem em alta definição. O raio *laser* (p. 158) azul do *blu-ray* propicia uma melhor qualidade de leitura e gravação de dados e representa um avanço em relação ao *DVD* (p. 153) que utiliza *laser* vermelho.

BOOT "Dar um *boot*" é uma expressão usada informalmente com o sentido de inicializar um computador, sistema ou aparelho digital. Em inglês o verbo *boot* é usado em jargão de informática como abreviação de *bootstrap,* que significa inicializar um sistema. Existe também a expressão *reboot* com o sentido de reiniciar um computador ou sistema informatizado.

BROWSER O mesmo que "navegador". Programa de computador que possibilita o acesso à *internet* (p. 196). Entre os *browsers* mais conhecidos e utilizados estão o Internet Explorer, o Google Chrome, o Safari e o Mozilla Firefox. Em inglês existe também o verbo *browse/browsed/browsed,* que significa "dar uma olhada" em algum produto ou item em uma loja. Ex.: *Clerk: Can I help you sir? Customer: Thanks, I'm just browsing* (Atendente: Posso ajudar, senhor? Cliente: Obrigado, só estou olhando). O verbo *browse* é empregado em combinação com as palavras *online* (p. 200) e *web* (p. 207), com o sentido de "navegar na *internet*". Ex.: *Bill spends lots of time browsing online/the web every day* (Bill passa muito tempo navegando na *internet* todos os dias).

BUG Falha ou erro em programa de computador que o impede de funcionar adequadamente. O significado original da palavra *bug* é "inseto". O uso do termo *bug* (erro, falha, dar pau) em informática surgiu na época dos computadores de grande porte, chamados de *mainframe* (p. 198). A programadora americana Grace Hopper teria feito uso dessa palavra em 1947, após encontrar uma mariposa que ficara presa nos contatos de um relê do computador Mark II, da Universidade de Harvard. Outro computador que ocupava uma área de 180 metros quadrados, o ENIAC (*Eletronic Numerical Integrator and Computer*), ajudou a popularizar o uso do termo *bug*. Os insetos eram atraídos por suas válvulas e causavam curto-circuito nas placas, o que levava a falhas nos programas rodados por esse computador. Contudo, em 1878, Thomas Alva Edison teria descrito uma falha mecânica causada por um inseto na leitura do seu fonógrafo, uma de suas invenções. Essa teria sido a primeira vez que a palavra *bug* foi associada ao sentido de falha ou erro.

BUG DO MILÊNIO ver **Curiosidades** p. 47

BYTE Contração das palavras ***binary*** (binário) e ***term*** (termo). Empregado em informática para designar a unidade de informação equivalente a oito *bits* (p. 187), com a qual os computadores operam. Cada *byte* representa apenas um único caractere de texto, que pode ser uma letra, um número, um sinal de pontuação ou um símbolo. A memória de um computador é normalmente expressa em *megabytes* (p. 199), *gigabytes* (p. 193) ou *terabytes* (p. 204), que são múltiplos de *byte*.

CHAT O significado original do substantivo *chat* em inglês é conversa informal, "bate-papo". Com o advento da revolução digital, *chat* passou a designar a troca de mensagens de texto em tempo real através da *internet* (p. 196). É justamente nesse contexto de "bate-papo virtual" que o anglicismo *chat* foi incorporado ao nosso idioma. O *chat* pode ocorrer entre duas pessoas, como é o caso de atendimento ao cliente *online*, através de ferramenta disponibilizada no site de empresas, em um fórum, ou sala de bate-papo (*chat room*), onde as mensagens digitadas vão aparecendo em tempo real na tela de todos os participantes.

CHIP Abreviação de *microchip*, correspondente em português a "circuito integrado". Um circuito integrado é um circuito eletrônico constituído de componentes miniaturizados (resistores, capacitores, transistores, diodos) montados em uma pequena lâmina (*chip*) de silício. O que chamamos de "*chip* de celular" no Brasil é conhecido nos países de língua inglesa por *SIM card*, termo formado pela sigla *SIM*, de *Subscriber Identity Module* (módulo de identificação do assinante), e o substantivo *card* (cartão). A palavra *chip* em inglês pode significar lasca, lâmina ou ficha, dependendo do contexto: *A bag of potato chips* é "um saco de batatas *chips*", ou seja, de fatias finas e onduladas, fritas até ficarem crocantes.

CLIPBOARD O mesmo que "área de transferência". *Clipboard* é um anglicismo empregado em informática para designar o local onde é possível armazenar temporariamente dados como texto e imagem, enquanto são transferidos entre arquivos ou documentos.

COOKIE Pequeno arquivo de texto enviado pelo servidor de um *site* (p. 203) para o *browser* (p. 188) do usuário que o visita, tendo como objetivo identificá-lo e melhorar sua experiência de navegação. Confira a seguir um exemplo contextualizado na língua inglesa: *It's a good idea to clear the cookies stored on your computer from time to time* (É uma boa ideia limpar os *cookies* armazenados no seu computador de vez em quando). Ver também *cookie* na seção **Alimentação e culinária** p. 11.

COOLER Ventilador ou ventoinha que reduz o calor gerado pelos componentes de uma máquina, como é o caso de um computador, cujo processador esquenta com o uso continuado. Do verbo *cool* (esfriar, refrigerar, refrescar) e do sufixo *er*, empregado na língua inglesa para designar o agente de uma ação, transmitindo nesse caso a ideia de "aquilo que refrigera ou esfria". Ver também *cooler* na seção **Alimentação e culinária** p. 11.

CPU ver **Siglas e abreviações** p. 150

DATA CENTER De *data* (dados) e *center* (centro). Também conhecido como CPD (Centro de Processamento de Dados). Local planejado para abrigar os servidores, sistemas de armazenamento de dados (*storages*) e outros componentes computacionais de uma empresa ou organização. O *data center* é o local onde os dados são processados e armazenados. Devido a sua importância, é um ambiente com proteção especial acessado apenas por funcionários autorizados. Os *data centers* possuem monitoramento de temperatura para a conservação e o bom funcionamento dos itens abrigados.

DEEPFAKE De *deep* (profundo) e *fake* (falso, falsificação, fraude). Tecnologia que utiliza Inteligência Artificial (IA) permitindo a manipulação de imagens e vozes para criar vídeos falsos, porém realistas e convincentes. As montagens de vídeo e áudio criadas através dessa tecnologia normalmente atingem celebridades, políticos famosos e outras figuras influentes, mostrando-os em situações que nunca aconteceram, o que inclui desde cenas de sexo até discursos fictícios e inimagináveis.

DEFAULT ver **Mundo corporativo** p. 108

DELAY O substantivo *delay* em inglês significa atraso, retardo ou demora. *Delay* é um anglicismo incorporado ao português com o sentido técnico de "atraso de sinal", nas transmissões via satélite, em que frequentemente há uma diferença de tempo entre o envio e o recebimento de um sinal de áudio ou imagem. Segue agora uma dica de inglês: além de substantivo, *delay* também é um verbo na língua inglesa. Ex.: *The flight has been delayed because of poor weather* (O voo foi atrasado por causa do tempo ruim).

DESKTOP Área de trabalho na tela do computador, através da qual o usuário acessa programas e arquivos clicando nos ícones dispostos nessa interface gráfica. O anglicismo *desktop*, de *desk* (mesa) e *top* (topo), também é empregado com o sentido de "computador de mesa", termo usado para diferenciá-lo de computadores portáteis, como o *notebook* (p. 199), *laptop* (p. 196), *palmtop* (p. 200) e o *tablet* (p. 204).

DOWNLOAD Termo formado da junção da preposição *down* (para baixo, embaixo) com o verbo *load* (carregar). A expressão "fazer um *download*" significa baixar ou transferir arquivos de um computador ou servidor remoto para um computador local. Ao fazer um *download*, o usuário recebe arquivos de texto, vídeo, áudio ou imagem em seu computador, a partir de um servidor remoto ou outro computador em rede. *Download/downloaded/downloaded* é também um verbo na língua inglesa. Ex.: *Brian and Julie watched a movie they had downloaded from the internet* (Brian e Julie assistiram a um filme que haviam baixado da *internet*).

DRIVE É a unidade de disco de um computador, o dispositivo onde são introduzidos *CDs* (p. 151) ou *CD-ROMs* (p. 151), para leitura ou gravação de dados.

DRONE Os primeiros drones eram aeronaves não tripuladas, controladas remotamente e usadas para fins militares, em situações e terrenos perigosos e até letais para o ser humano. Hoje em dia há *drones* de diversos tamanhos e aplicações variadas. São usados para fins de entretenimento e em diversas outras situações, como é o caso da indústria do cinema, que às vezes recorre ao uso de *drones* com câmeras acopladas, para fazer boas imagens aéreas.

EARLY ADOPTER De *early* (cedo, adiantado) e *adopter* (adotante, usuário). Em tradução livre equivale a "usuário precoce". *Early adopter* é um anglicismo empregado para se referir à pessoa que rapidamente adere às novidades tecnológicas. Existe também a expressão *late adopter*, que designa o usuário tardio de *gadgets* (p. 193) e novas tecnologias.

E-BOOK ver **Siglas e abreviações** p. 150

E-BUSINESS ver **Siglas e abreviações** p. 150

E-COMMERCE ver **Siglas e abreviações** p. 150

E-LEARNING ver **Siglas e abreviações** p. 150

E-MAIL ver **Siglas e abreviações** p. 150

EMOTICON Combinação das palavras *emotion* (emoção) e *icon* (ícone). Um *emoticon* pode ser definido como uma sequência de caracteres (disponíveis no teclado do computador) que expressa uma emoção ou estado de humor. Os *emoticons* são comumente usados em mensagens de texto informais de *e-mail* (p. 154), *SMS* (p. 164) ou aplicativos de redes sociais. Um exemplo comum de *emoticon* é : -) que significa "contente, feliz".

E-READER ver **Siglas e abreviações** p. 150

FIREWALL Dispositivo de segurança que monitora o tráfego de entrada e saída de uma rede de computadores, permitindo ou bloqueando informações específicas de acordo com um conjunto de regras de segurança predefinidas. Sua função é evitar que pessoas não autorizadas tenham acesso a uma rede corporativa ou privada. De *fire* (fogo) e *wall* (parede), em tradução livre "corta-fogo".

FREEWARE Termo formado a partir da combinação das palavras *free* (livre, gratuito) e *software* (p. 204 – programa de computador). Refere-se ao *software* disponível para *download* (p. 191) gratuito na *internet* (p. 196).

GADGET Anglicismo empregado para se referir a qualquer aparelho eletrônico que é novidade, normalmente portátil e com *design* (p. 33) arrojado. *Notebooks* (p. 199), *smartphones* (p. 203), caixa de som miniatura *bluetooth* (p. 188), *tablets* (p. 204), *e-readers* (p. 154) e *smartwatches* (p. 203) são alguns exemplos de *gadgets*.

GEEK Pessoa obcecada por tecnologia ou novidades tecnológicas como *gadgets* (p. 193) ou que é excessivamente interessada por algum *hobby* (p. 86). Por extensão o termo *geek* também designa aquele que é *expert* (p. 70) em alguma área da computação. Os *geeks* são peculiares e inteligentes, mas por outro lado podem demonstrar dificuldade ao interagir socialmente. Os *geeks* e os *nerds* são parecidos, mas enquanto os primeiros são fanáticos por tecnologia, os *nerds* são mais apaixonados pelo mundo das ideias.

GIGABYTE Unidade de medida usada para se referir à capacidade de memória e armazenamento de dados de um computador. Um *gigabyte* equivale a mil *megabytes* (p. 199). O símbolo *GB (= gigabyte)* também é usual.

GPS ver **Siglas e abreviações** p. 150

HACKER Termo comumente usado para se referir ao especialista em computação que utiliza o seu vasto conhecimento de informática para cometer crimes virtuais. Por outro lado, o anglicismo *hacker* também é empregado para designar o programador de computadores contratado por empresas para apontar falhas em redes de computação e assim contribuir para a sua melhoria. O neologismo "hackear", ou ainda "raquear", define a ação praticada por um *hacker,* que é invadir um sistema computacional de uma empresa ou pessoa, com a intenção de acessar informações confidenciais e cometer outros atos ilícitos: "O computador da vítima havia sido hackeado". Além disso, podemos hackear o celular de uma pessoa com a permissão e ajuda dela mesma, um procedimento que pareia dois celulares e permite acessar a *internet* (p. 196) através de um celular, que por algum motivo ou situação momentânea não permita acesso. Veja agora um exemplo em inglês com o *phrasal verb* (verbo frasal) *hack into*: *The criminals had hacked into the bank's computer system* (Os criminosos tinham hackeado o sistema de computação do banco).

HARDWARE De *hard* (duro) e *ware* (mercadoria, produto). Por *hardware* entende-se qualquer equipamento físico de um computador, seja ele interno: como placa de rede, placa de vídeo, processador, etc.; ou periférico: como teclado, *mouse* (p. 199), monitor, impressora, *scanner* (p. 202), *webcam* (p. 207), *pen drive* (p. 200), etc.

HASHTAG Palavra expressa pelo símbolo # (cerquilha ou jogo da velha), empregada nas redes sociais com o sentido de "palavra-chave". As *hashtags* são usadas para categorizar tópicos publicados nas redes sociais e deixá-los disponíveis para que outras pessoas interessadas nesses assuntos possam acessá-los, podendo também curtir, comentar e compartilhar o conteúdo. Elas se popularizaram através do *Twitter* (p. 205), onde foram inicialmente usadas, estando agora também presentes em redes sociais como Instagram, Facebook, Linkedin e outras. O termo *hashtag* é formado pelas palavras *hash* (jogo da velha, em inglês britânico) e *tag* (etiqueta).

HD ver **Siglas e abreviações** p. 150

HDTV ver **Siglas e abreviações** p. 150

HELP DESK De *help* (ajuda, socorro) e *desk* (mesa, balcão). Serviço de atendimento a clientes ou usuários que necessitam esclarecer alguma dúvida ou solucionar algum problema técnico de baixa complexidade, normalmente relacionado à tecnologia da informação. Esse serviço de apoio pode ser prestado por telefone, *chat* (p. 189), *e-mail* (p. 154) ou aplicativo via celular. A grafia *helpdesk* (uma só palavra) também é empregada. Ver também *service desk* p. 202.

HI-FI ver **Siglas e abreviações** p. 150

HIGH-TECH/HI-TECH ver **Siglas e abreviações** p. 150

HOME BANKING Também conhecido como *internet banking, mobile banking* ou *online banking.* Trata-se do "banco virtual". Serviço oferecido pelos bancos aos seus correntistas, através do qual é possível realizar várias transações bancárias pela *internet* (p. 196), sem a necessidade de se deslocar até a agência.

HOME PAGE De *home* (casa, lar) e *page* (página). Página inicial de um *site* (p. 203) na *internet* (p. 196). A *home page* normalmente apresenta o *site* e contém um menu com *links* (p. 197) para outras páginas, onde o internauta poderá acessar informações sobre os tópicos apresentados. A grafia *homepage* (uma só palavra) é menos usual. Emprega-se também informalmente a forma abreviada *home.*

HOST ver **Sociedade, comportamento e movimentos culturais** p. 168

HOTSPOT De *hot* (quente) e *spot* (ponto, local). Local ou área onde é possível acessar a *internet* (p. 196) através de uma rede *wi-fi* (p. 167). Os *hotspots* normalmente estão disponíveis em locais públicos como restaurantes, aeroportos, *shoppings* (p. 60) e outros. A expressão *hotspot* também é empregada em inglês com o sentido de "local agitado", "centro de atividades" ou *point* (p. 149). Ex.: *This new park is the latest tourist hotspot in town* (Este parque novo é o *point* turístico mais recente da cidade). A grafia *hot spot* (duas palavras) também é usada em inglês.

HUB ver **Aviação** p. 27

INPUT Conjunto de dados inseridos em um sistema para processamento (entrada de dados). *Input* é um termo também empregado em economia com o sentido de "insumo", algo necessário para o desenvolvimento de um trabalho (mão de obra, máquinas ou equipamentos, capital, etc.). Além desses significados, a palavra *input* é empregada na língua inglesa com o sentido de "opinião, comentário ou contribuição". Ex.: *Thanks to his valuable input we were able to put a good business plan together* (Graças à contribuição valiosa dele conseguimos elaborar um bom plano de negócios).

INTERNET Rede mundial de computadores que permite o acesso e compartilhamento de informações através de um protocolo comum (ver *IP* p. 157). O nome *internet* tem origem no termo *internetwork*, que fazia referência às redes de computadores interligadas do Departmento de Defesa americano. O termo *internetwork* por sua vez é formado a partir da junção das palavras *inter* (entre) e *network* (rede). Com a abreviação da palavra *network* para simplesmente *net*, surge então o nome *internet*. Agora uma dica de inglês: as formas coloquias *the net* e *the web* são empregadas informalmente com o sentido de *internet* na língua inglesa. Ex.: *He spends about three hours a day surfing the net/web* (Ele passa umas três horas por dia navegando na *internet*).

INTRANET Termo formado da junção das palavras *intra* (dentro) e *net* (rede, abreviação de *network*). Trata-se de uma rede de computadores de uso privado e exclusivo de uma empresa ou instituição. A *intranet* de uma determinada empresa pode ser acessada somente pelos seus funcionários, ou por pessoas que tenham autorização para tanto. O uso da *intranet* permite a comunicação entre todos os departamentos de uma empresa e seus colaboradores.

LAN HOUSE ver **Siglas e abreviações** p. 150

LAPTOP Computador de pequenas dimensões, leve e portátil, que funciona com bateria ou ligado à tomada. O termo *laptop* é formado da junção das palavras *lap* (colo) e *top* (topo, em cima) e é assim chamado pela facilidade de poder ser usado no colo de um usuário sentado.

LCD ver **Siglas e abreviações** p. 150

LIKE Palavra que se popularizou com o surgimento das redes sociais (Facebook, Instagram, Twitter, etc.). "Dar um *like*" significa curtir um *post* (p. 201) que pode ser um texto, uma foto ou um vídeo. O verbo inglês *like* significa gostar e é justamente esse o sentido da frase dar um *like*: curtir um *post* de que se gostou.

LINK Abreviação de *hyperlink*. O mesmo que "atalho". Ícone ou palavra em destaque em um texto *online* (p. 200) em que o internauta pode clicar e ser direcionado para outro documento ou *site* (p. 203), conforme exemplificado na frase: "Clique no *link* abaixo para ler o artigo completo". Algumas traduções possíveis do substantivo inglês *link* são "conexão, elo ou vínculo". Há também o verbo *link/linked/linked* que significa ligar ou conectar. Ex.: *The investigators suspect that the two crimes are somehow linked* (Os investigadores suspeitam que os dois crimes estão de alguma forma ligados).

LIVE O uso do anglicismo *live* (ao vivo) tornou-se comum entre os usuários de redes sociais que o utilizam em frases como "fazer uma *live*" ou "assistir a uma *live*". Nesse contexto, *live* é empregado com o sentido de "transmissão ao vivo" através de uma plataforma de mídia social como o Facebook, Instagram, YouTube ou outra. O número de *lives* aumentou durante a pandemia de coronavírus, já que devido à necessidade de isolamento social o ambiente virtual ganhou novos adeptos, incluindo músicos e cantores que fizeram *shows* via *lives*, que foram ao ar também em canais de televisão. Veja a seguir alguns exemplos de uso desse adjetivo na língua inglesa: *live music* (música ao vivo), *live performance* (apresentação ao vivo), *live show* (show ao vivo), *live broadcast* (transmissão ao vivo).

LOGIN/LOGON "Fazer o *login*" ou "fazer o *logon*" equivale ao neologismo "logar", ou seja, conectar-se a uma rede ou sistema de computação, normalmente fornecendo nome e senha de usuário. O neologismo "logar" tem origem no verbo regular inglês *log/logged/logged*.

LOGOFF "Fazer o *logoff*" significa interromper a conexão de um dispositivo (computador, *laptop, tablet*, etc.) com uma rede de computadores, finalizando assim o uso de um sistema computacional.

MAINFRAME Termo formado da junção das palavras *main* (principal) e *frame* (estrutura). Computador de grande porte usado em grandes empresas (bancos, hipermercados, universidades, etc.) para armazenar e processar grandes volumes de dados. Os *mainframes* são capazes de gerenciar muitas tarefas simultaneamente e podem ser compartilhados com um grande número de usuários através de terminais ou de uma rede. Os primeiros *mainframes* surgiram no final da década de 1940 e chegavam a ocupar uma sala inteira. Com a evolução tecnológica, eles foram diminuindo de tamanho, e hoje em dia não são maiores do que outros servidores de grande porte, além de consumirem também menos energia elétrica.

MALWARE Termo formado a partir da fusão das palavras ***malicious*** (malicioso) e ***software*** (programa). Os "programas maliciosos", como às vezes também são chamados, são usados por *hackers* (p. 194) mal-intencionados que objetivam acessar informações pessoais ou financeiras de outros internautas ou simplesmente causar danos, contaminando computadores e sistemas de computação alheios.

MARKETPLACE De *market* (mercado) e *place* (lugar). Um *marketplace* é basicamente um *site* (p. 203) de marca renomada, Ex.: Amazon, Magazine Luiza, Mercado Livre, Americanas, etc. , onde diferentes empresas podem anunciar e vender seus produtos. O conceito de *marketplace* pode também ser definido como uma variação de *e-commerce* (p. 153), em que várias empresas compartilham a mesma loja virtual conhecida e já consagrada. Para os usuários, o *marketplace* oferece a vantagem de ser prático, já que eles podem visualizar as ofertas de várias empresas em apenas um único *site*. Há também benefícios para as empresas ou lojistas que divulgam os seus produtos em um *marketplace* conhecido e de boa reputação. As principais vantagens são a visibilidade e credibilidade associadas a tal *marketplace*, que podem ajudar a alavancar as vendas.

MEGABYTE Unidade de medida usada para se referir à capacidade de memória e armazenamento de dados de um computador. Um *megabyte* equivale a um milhão de *bytes* (p. 189). O símbolo *MB (= megabyte)* também é usual.

MODEM ver **Siglas e abreviações** p. 150

MOUSE O periférico de computador usado para movimentar o cursor pela tela, clicar, selecionar, copiar e colar foi assim batizado por seu formato ser semelhante ao de um rato, que é o significado de *mouse* em inglês. Pode-se dizer que a incorporação de anglicismos ao português falado em Portugal é mais contida quando comparada ao português brasileiro. Um dos exemplos é justamente *mouse*, o periférico de computador que na terra de Camões é conhecido por "rato".

MOUSEPAD De *mouse* (rato) e *pad* (almofada). Esse acessório, espécie de "pequeno tapete", ajuda o *mouse* (p. 199) a deslizar mais facilmente, além de evitar que a superfície da mesa em que se trabalha com o computador seja desgastada com o movimento contínuo de fricção do *mouse*. A grafia *mouse pad* (duas palavras) também é empregada.

NETWORK ver **Mundo corporativo** p. 108

NICKNAME O uso de um *nickname* (apelido) como forma de identificação de usuários na *internet* (redes sociais, fóruns, jogos, etc.) é uma prática comum. A forma abreviada *nick* também é empregada.

NO-BREAK ver **Pseudoanglicismos** p. 145

NOTEBOOK Computador portátil e leve, com dimensões próximas a de um caderno universitário, daí o nome *notebook* (caderno). A forma abreviada e informal *note* também é empregada, conforme exemplificado na frase: "Ela usa o *note* para estudo, trabalho e lazer".

OFFLINE/OFF-LINE É o oposto de *online* (p. 200). Um serviço ou arquivo *off-line* não depende da *internet* para ser usado ou acessado. A grafia *offline* (sem hífen) é mais usual nos países de língua inglesa.

ONLINE/ON-LINE Que está disponível através da *internet* (revista *online*, curso ou treinamento *online*, pagamento *online*, suporte *online*, compras *online*, etc.). *Online* é sinônimo de virtual ou digital. Ex.: "A versão *online* do dicionário é constantemente atualizada".

PAGER O mesmo que "bipe". Pequeno dispositivo eletrônico que recebe mensagens por ondas de rádio e as exibi num visor. O *pager* foi muito popular nas décadas de 1980 e 1990, tendo sido desbancado pelo telefone celular.

PALMTOP De *palm* (palma) e *top* (topo). Computador portátil de pequenas dimensões que cabe na palma da mão.

PASSWORD De *pass* (passe) e *word* (palavra). O mesmo que "senha". Código de acesso a uma rede, sistema de computadores ou a algum serviço *online* (p. 200).

PC ver **Siglas e abreviações** p. 150

PDF ver **Siglas e abreviações** p. 150

PEN DRIVE Pequeno dispositivo onde é possível salvar, transportar e transferir arquivos entre computadores. A expressão *pen drive* é curiosamente pouco usada nos países de língua inglesa. O termo corrente em inglês é *flash drive*. Confira o exemplo contextualizado a seguir. Ex.: *I have all my files saved on a flash drive* (Eu tenho todos os meus arquivos salvos em um *pen drive*).

PHISHING Prática criminosa na *internet* (p. 196) realizada através de *sites* (p. 203) falsos e envio de *e-mails* (p. 154) fraudulentos. Esses *e-mails* costumam solicitar que o usuário clique em um *link* (p. 197) para, entre outros artifícios, "atualizar seu cadastro". Ao clicar no *link* o usuário é remetido a um *site* falso, porém idêntico ao do banco no qual é correntista e assim é orientado a fornecer o número da conta corrente, senha de acesso e outros dados sigilosos. Em alguns casos o *link* enviado pelo *e-mail* fraudulento direciona o usuário para um *malware* (p. 198) que, caso executado, instala um programa malicioso no computador do usuário. Esse programa pode capturar arquivos ou monitorar as atividades *online* (p. 200) do internauta. O termo *phishing* é uma alusão à *fishing* (pesca, pescaria), sendo que a intenção por trás dessa ação é "pescar informações sigilosas" de internautas para a prática de fraude.

PIXEL Termo formado a partir das palavras *picture* (imagem) e *element* (elemento). Designa qualquer um dos pontos minúsculos que conjuntamente formam uma imagem, em telas de televisões, monitores de computadores, celulares, etc. Em tese, telas com um maior número de *pixels* podem gerar imagens com uma melhor resolução.

PLUG AND PLAY De *plug* (ligar, plugar), *and* (e) *play* (jogar, usar). Expressão empregada para se referir aos dispositivos periféricos que, ao serem conectados a um computador, são automaticamente reconhecidos, dispensando configurações. Os dispositivos *plug and play*, também conhecidos pela sigla *PnP*, facilitam a vida dos usuários de computador: basta ligar e usar!

PODCAST Arquivo digital de áudio disponível na *internet*. Pode ser acessado e ouvido a qualquer momento através de um computador ou dispositivo móvel (*smartphone, tablet*, etc.). O termo *podcast* surgiu a partir da combinação das palavras *Pod* (de *iPOD*, o *gadget* da Apple) e *broadcast* (transmissão, radiofusão).

POP-UP ver **Marketing, publicidade e propaganda** p. 101

POST Texto, imagem, áudio, vídeo, comentário ou mensagem que é publicada (ou postada) em um *blog* (p. 187), *site* (p. 203) ou rede social.

PRINT "Tirar um *print*" significa basicamente fazer uma cópia digital do que aparece na tela de um celular ou computador em um determinado momento (captura de tela). O neologismo "printar", surgido a partir do verbo inglês *print/printed/printed* (imprimir), significa imprimir ou "tirar um *print*".

É comum também a frase "vou te enviar o *print*", que pode ser a cópia digital de uma imagem ou de um texto, enviada para alguém por meio de um aplicativo ou *e-mail* (p. 154). O que chamamos de "*print*" no Brasil é na verdade conhecido nos países de língua inglesa como *screenshot*.

QR CODE ver **Siglas e abreviações** p. 150

RAM ver **Siglas e abreviações** p. 150

ROAMING Expressão formada a partir do verbo *roam* (vagar, perambular). Trata-se do serviço oferecido mediante cobrança por operadoras de telefonia móvel, que permite ao usuário fazer e receber ligações telefônicas em regiões fora de cobertura da operadora contratada (Ex.: no exterior) através da utilização de operadoras locais. O anglicismo *roaming* equivale em português à "itinerância".

SCANNER Equipamento dotado de feixe de luz e sensores usado para digitalizar textos e imagens que podem ser enviadas por um computador ou *smartphone* (p. 203). Há também o *scanner* que faz a leitura do código de barras de produtos em estabelecimentos comerciais, como supermercados. Além disso, a medicina utiliza *scanners* capazes de obter imagens nítidas de órgãos e outras partes internas do corpo humano. As grafias aportuguesadas "escâner" e "escaneador" são menos usuais.

SERVICE DESK De *service* (serviço) e *desk* (mesa, balcão). O *service desk* equivale à central de atendimento ou suporte ao usuário que precisa solucionar algum problema relativo a TI (tecnologia da informação). Diferentemente do *help desk* (p. 195) que busca resolver o problema imediato do cliente, o *service desk* é mais abrangente, sendo o departamento onde os procedimentos mais complexos são resolvidos.

SHAREWARE Expressão formada a partir da combinação das palavras *share* (compartilhar) e *software* (programa de computador). É o *software* disponível gratuitamente na *internet* por um determinado período de tempo, para que os usuários possam avaliar o produto. Diferentemente do *freeware*

(p. 193), o *shareware* é cobrado após o período estipulado para a avaliação dos usuários. Algumas empresas distribuem as suas novidades *shareware* para que os usuários possam experimentar o programa sem custos e depois fazer a aquisição, pagando a licença.

SITE Página ou grupo de páginas acessíveis na *internet* através de um endereço (domínio) que se inicia por *www* (p. 167). A página ou páginas de um *site* podem conter textos, imagens, vídeos ou gráficos e normalmente disponibilizam informações sobre uma empresa, instituição, serviço, produto ou pessoa. O anglicismo *site* é a abreviação de *website* (p. 207). A forma aportuguesada "sítio" é menos usual.

SLIDE O mesmo que "diapositivo", cromo montado em moldura para projeção, ou "transparência", folha de plástico transparente projetada nos antigos aparelhos retroprojetores (ver *datashow* p. 96). O *software* Powerpoint, da empresa americana Microsoft, é um dos programas mais conhecidos em todo o mundo para preparar e apresentar *slides*. A apresentação dos *slides* é chamada em inglês de *slideshow*, termo que já é empregado no Brasil. A grafia aportuguesada "eslaide" é menos usual.

SMARTPHONE Anglicismo formado da junção das palavras *smart* (inteligente, esperto) e *phone* (telefone). É a evolução do telefone celular, com muito mais tecnologia e funções similares as de um computador. Os *smartphones* são dotados de sistema operacional, permitindo acesso à *internet* e execução de aplicativos.

SMARTWATCH De *smart* (inteligente, esperto) e *watch* (relógio). Relógio de pulso com *design* (p. 33) moderno e recursos de um *smartphone*. Um *smartwatch* permite ao usuário visualizar mensagens, checar as atualizações das redes sociais e atender ligações. Os modelos de *smartwatch* disponíveis no mercado hoje em dia funcionam como uma extensão do *smartphone*, integrados via *bluetooth* (p. 188). Dessa forma, o *smartwatch* ainda é " dependente" do *smartphone*, algo que o progresso tecnológico certamente se encarregará de resolver.

SMS ver **Siglas e abreviações** p. 150

SOFTWARE De *soft* (macio, suave) e *ware* (mercadoria, produto). *Software* faz referência a qualquer programa de computador. O termo *software* começou a ser usado nos Estados Unidos com esse sentido no final da década de 1950, como uma forma de distinguir um programa de computador (*software*) dos componentes físicos de um computador (*hardware* p. 194).

SPAM ver **Curiosidades** p. 47

STREAMING Tecnologia que permite a transmissão de dados digitais multimídia (áudio e vídeo) através da *internet*, sem que o usuário precise baixar o conteúdo. Através do *streaming* é possível assistir a filmes ou ouvir música com uma melhor conexão, já que o acesso a conteúdos *online* (p. 200) fica facilitado e mais rápido. Entre as plataformas de *streaming* mais conhecidas estão Netflix, Globoplay, Disney+, Amazon Prime Video, Spotify e HBO Max. Anglicismo formado a partir do verbo *stream* (fluir, transmitir) que faz referência ao fluxo contínuo de mídia associado à tecnologia *streaming*.

TABLET Computador portátil e leve, de fina espessura e tela *touchscreen* (p. 205), ou seja, sensível ao toque. O nome *tablet* (tablete) faz alusão ao tamanho compacto de formato retangular desse dispositivo móvel.

TERABYTE Unidade de medida usada para se referir à capacidade de memória e armazenamento de dados de um computador. Um *terabyte* equivale a mil *gigabytes* (p. 193). O símbolo *TB (= terabyte)* também é usual.

THREAD De *thread* (linha, fio). Anglicismo empregado nas redes sociais, como o *Twitter* (p. 205), em que a palavra *thread* é frequentemente usada para se referir a uma sequência de *posts* (p. 201) unidos em torno de um mesmo tópico. O termo *thread* também é utilizado quando falamos de mensagens de *e-mail* (p. 154), com o sentido de "fio" (sequência) de mensagens, que inclui a mensagem atual, bem como as anteriores, de tal forma que o usuário não perca o "fio" da meada.

TOUCH SCREEN/TOUCHSCREEN Expressão formada pelas palavras *touch* (toque) e *screen* (tela). É a tela sensível ao toque (tela tátil), usada em *smartphones* (p. 203), *tablets* (p. 204), caixas eletrônicos de bancos e outros dispositivos. A tecnologia *touch screen* dispensa teclado e *mouse* (p. 199), permitindo que o usuário interaja com o dispositivo através do toque na tela. A grafia *touchscreen* (uma só palavra) também é empregada.

TRENDING TOPICS De *trending* (em alta, popular, em destaque) e *topics* (tópicos, temas, assuntos). Expressão surgida na rede social *Twitter* (p. 205) com o sentido de tópicos ou assuntos mais comentados do momento, mencionados em tuítes (*tweets*) com uma frequência maior do que outros, ou seja, são os assuntos que estão "bombando". O anglicismo *trending topics* se popularizou, sendo hoje empregado em outros contextos para além das redes sociais.

TWITTER Rede social que possibilita aos seus usuários compartilhar mensagens, imagens e vídeos através da *internet* (p. 196). O número de caracteres enviado por mensagem no *Twitter* é limitado a 280 e as atualizações ocorrem em tempo real. A palavra *twitter* em inglês funciona como um verbo (piar, gorjear) ou como um substantivo (pio, gorjeio), referindo-se ao som emitido pelos pássaros. Logo percebe-se que não é à toa que o logotipo original dessa famosa rede social era um pássaro. A ideia por trás da escolha do nome *Twitter* é que os usuários pudessem "piar" pela internet, dizendo o que estão fazendo ou o que está acontecendo, lembrando que o *slogan* (p. 105) da rede social Twitter é *What's happening?* (O que está acontecendo?). O *Twitter* fez surgir no Brasil o neologismo "tuitar", que significa enviar um post (p. 201) pelo *Twitter*. Aproximadamente nove meses após comprar o *Twitter* em outubro de 2022, o empreendedor sul-africano Elon Musk decidiu substituir o icônico logotipo do pássaro azul do *Twitter* por um "X".

ULTRABOOK Computador portátil mais leve e fino do que um *notebook* (p. 199). Os *ultrabooks* possuem bateria mais duradoura, porém são geralmente menos potentes que os *notebooks* e não indicados para programas e jogos pesados. A denominação *ultrabook* foi criada em 2011, pela empresa multinacional de tecnologia Intel. Para que um aparelho possa assim ser chamado, é preciso que ele atenda a algumas especificações, como possuir processador da Intel, rodar o sistema operacional Windows, ser leve e ter no máximo

25 mm de espessura. Devido à mobilidade que oferecem, os *ultrabooks* são indicados para pessoas que precisam levar o seu aparelho em viagens.

UPGRADE Atualização de um *software* (p. 204) ou aumento da capacidade de um computador com a melhoria do *hardware* (p. 194). *Upgrade* também é um termo usado informalmente em várias situações em que há uma melhoria ou atualização de algo, como na troca de um automóvel ou qualquer equipamento por um modelo mais novo. Além disso, ao fazer o *check-in* (p. 27) em aeroportos ou alugar um carro em uma locadora, às vezes é possível conseguir um *upgrade*. Nesse caso ocorre a mudança para uma classe superior da passagem aérea ou carro contratado, Ex.: da classe econômica para a executiva, sem que se tenha que pagar a mais por isso.

UPLOAD Expressão formada da junção da preposição *up* (para cima) com o verbo *load* (carregar). "Fazer um *upload*" significa enviar um arquivo (texto, vídeo ou imagem) de um computador para um servidor remoto. Em inglês *upload* funciona também como verbo. Ex.: *Sarah uploaded the photos to her Facebook page* (Sarah enviou as fotos para a sua página no Facebook). Ver também *download* p. 191.

URL ver **Siglas e abreviações** p. 150

USB ver **Siglas e abreviações** p. 150

VOICEMAIL De *voice* (voz) e *mail* (correio). Em tradução literal "correio de voz". Sistema eletrônico automático que recebe e grava mensagens telefônicas, que poderão ser ouvidas depois, um recurso disponível nos *smartphones*: "Deixe uma mensagem no meu *voicemail*". *Voicemail* também é a mensagem de voz gravada através desse sistema.

VoIP ver **Siglas e abreviações** p. 150

WALKIE-TALKIE Aparelho portátil, geralmente com antena, que permite a comunicação entre duas pessoas a curta distância através de radiofrequência. O nome desse aparelho tem origem nos verbos *walk* (andar) e *talk* (falar).

WEB Forma abreviada de *World Wide Web* (grande teia mundial, *WWW* p. 167). Rede mundial de computadores. *Web* é um termo usado como sinônimo de *internet* (p. 196), conforme exemplificado na frase: "Os dados já estão disponíveis para consulta na *web*".

WEBCAM De *web* (p. 207) e *cam*, forma abreviada de *camera* (câmera). *Webcam* é a pequena câmera de vídeo conectada ou embutida no computador que permite aos internautas conversarem em videoconferências, com imagens em tempo real, através da *internet* (p. 196).

WEB DESIGNER ver **Ocupações e atividades** p. 138

WEBINAR Expressão formada a partir das palavras *web* (p. 207) e *seminar* (seminário, palestra). Palestra transmitida através da *internet* (p. 196) ou a versão *online* (p. 200) de uma palestra ao vivo ou gravada. Os *webinars* frequentemente têm propósito educacional, com o palestrante apresentando um assunto e os participantes normalmente podendo interagir, enviando perguntas ou comentários via *chat* (p. 189). A forma aportuguesada "webinário" também é empregada.

WEBMASTER ver **Ocupações e atividades** p. 138

WEBSITE O mesmo que *site* (p. 203), termo mais usual no Brasil. De *web* (p. 207) e *site* (sítio, lugar).

WI-FI ver **Siglas e abreviações** p. 150

WIRELESS Anglicismo formado da junção das palavras *wire* (fio) e *less* (sem). Uma referência à "rede *wireless*", rede de computadores que não requer o uso de fios ou cabos. A tecnologia *wireless* funciona através de aparelhos que usam a radiofrequência, ou seja, a comunicação via ondas de rádio. Dois exemplos comuns de tecnologia *wireless* são o *bluetooth* (p. 188) e o *wi-fi* (p. 167).

WORKSTATION Computador de alta *performance* (p. 76), com grande capacidade de processamento de cálculos e gráficos e que é normalmente usado por profissionais das áreas de engenharia, arquitetura e segmentos afins. Além desse significado, a palavra *workstation* na língua inglesa faz referência também ao espaço de trabalho individual, que reúne conforto e funcionalidade, incluindo móveis (mesa, biombos, gaveteiros, cadeira, etc.) organizados de forma otimizada. De *work* (trabalho) e *station* (estação).

WWW ver **Siglas e abreviações** p. 150

TURISMO E HOTELARIA

ALL-INCLUSIVE De *all* (todo, tudo) e *inclusive* (incluso). A expressão *all-inclusive* refere-se ao pacote vendido em *resorts* (p. 210), hotéis e cruzeiros, consistindo na cobrança de um valor fixo que inclui todas as refeições e bebidas consumidas pelo hóspede durante a sua estadia. Além do café da manhã, almoço e jantar, essa modalidade de hospedagem normalmente inclui lanches e bebidas servidas no bar ou restaurante e, em alguns casos, até mesmo as bebidas alcoólicas.

CHECK-IN ver **Aviação** p. 27

CHECKOUT O mesmo que registro de saída. Procedimento feito por um hóspede junto à recepção de um hotel ao final de sua estadia, quando ele deixa o quarto e acerta as contas, despesas extras de frigobar, etc. (ver também *check-in* p. 27). Além de substantivo, *check out* é um *phrasal verb* (verbo frasal) na língua inglesa. Ex.: *Mike checked out of the hotel, went out to the street and hailed a cab* (Mike fez o *checkout*, saiu à rua e parou um táxi). O *phrasal verb check out* também é frequentemente empregado com o sentido de olhar para alguém ou algo. Ex.: *Check out that girl! She looks gorgeous, doesn't she?* (Olha só aquela garota! Ela é linda, não acha?).

CITY TOUR De *city* (cidade) e *tour* (passeio, excursão). Anglicismo usual na indústria do turismo, conforme exemplificado na frase: "O pacote da agência de viagens inclui o *transfer* (p. 211) do aeroporto para o hotel e um *city tour* visitando as principais atrações da região".

DUTY-FREE SHOP/FREE SHOP Expressão formada pelas palavras *duty* (imposto), *free* (livre, gratuito) e *shop* (loja). Em tradução livre significa "loja isenta de impostos de comercialização". Localizadas em aeroportos internacionais, as *duty-free shops* (ou *free shops* como também são conhecidas no Brasil) são muito frequentadas por brasileiros em viagem ao exterior, ávidos por comprar produtos importados a preços atrativos.

E-TICKET ver *ticket*, na seção **Curiosidades** p. 47

MOTOR HOME/MOTORHOME De *motor* (motor) e *home* (casa, lar). Veículo que pode ser descrito como "uma casa sobre rodas" (com camas, cozinha, mesa e banheiro com chuveiro) usado em viagens turísticas e áreas de *camping* (p. 83). A grafia *motorhome* (uma só palavra) também é empregada no Brasil. Os americanos e canadenses costumam usar a sigla *RV* (sigla de *Recreational Vehicle*) para se referir a um *motor home*, termo que também é empregado nos países de língua inglesa. Ver também *trailer* p. 211.

RESORT Local planejado para férias, descanso ou lazer, com ampla infraestrutura hoteleira e várias opções de entretenimento e recreação. Os *resorts* proporcionam contato com a natureza aos seus hóspedes, por estarem normalmente localizados longe dos centros urbanos. Em alguns *resorts* é possível optar pelo sistema *all-inclusive* (p. 209), um pacote completo de alimentação em que todas as refeições e bebidas vão estar inclusas no valor a ser pago.

SHUTTLE Anglicismo empregado com o sentido de transporte, especialmente de turistas e hóspedes em hotéis. A expressão *shuttle service* em inglês refere-se ao serviço de traslado regular feito por avião, ônibus ou *van* (p. 165) entre dois locais. *Shuttle* é também a forma abreviada de *space shuttle* (ônibus espacial).

STANDARD O anglicismo *standard* é sinônimo de "comum, padrão ou normal", remetendo à ideia de algo que não apresenta características especiais. *Standard* é um termo empregado em hotelaria para qualificar um tipo de apartamento ou chalé. Um apartamento *standard* é um apartamento simples, com atributos normais. A grafia aportuguesada "estândar" é pouco usual.

TRAILER O mesmo que "reboque". Veículo sem tração própria que pode ser rebocado por um automóvel. Os *trailers* são normalmente usados em viagens de turismo, podendo também servir como moradia, lanchonete ou ter outro fim. Além disso, o anglicismo *trailer* é empregado com o sentido de vídeo curto com trechos de um filme, exibido para divulgação, conforme exemplificado na frase: "Pelo que vi no *trailer*, o filme parece ser muito bom". Ver também *motor home* p. 210.

TRANSFER Anglicismo usado na indústria do turismo com o sentido de serviço de transporte, conforme este exemplo: "O pacote turístico inclui o *transfer* do aeroporto ao hotel". O mesmo que traslado ou translado.

UPGRADE ver **Tecnologia e mundo digital** p. 187

VOUCHER Documento (*ticket* p. 63, cupom, comprovante ou vale) que comprova o pagamento e o direito a um serviço ou produto. *Voucher* é um anglicismo usual na indústria do turismo: *voucher* do hotel, *voucher* do traslado, *voucher* do passeio, etc.

VESTUÁRIO, MODA E ESTÉTICA

AFTERSHAVE As duas palavras que formam esse anglicismo ajudam a entendê-lo: *after* (após) e *shave* (ato de barbear-se), ou seja, é a prosaica "loção pós-barba".

BABY DOLL Traje de dormir feminino similar a uma camisola curta, geralmente confeccionada com tecido leve. O termo *baby doll* também é empregado na forma adjetiva na língua inglesa. Ex.: *Margaret always looks like she is pregnant when she wears a babydoll dress* (A Margaret sempre parece que está grávida quando usa um vestido tipo *baby doll*). As grafias *baby-doll* e *babydoll* também são empregadas.

BABY LOOK ver **Pseudoanglicismos** p. 145

BAGGY Anglicismo empregado como sinônimo de "largo ou folgado", normalmente utilizado para descrever calças, conforme exemplificado na frase: "Gosta de usar calças *baggy* porque acha que elas são mais confortáveis".

BIQUÍNI/BIKINI Maiô de duas peças, normalmente muito pequenas. A palavra biquíni foi inspirada no atol de Bikini, pequena ilha no Oceano Pacífico usada para testes com bombas nucleares. De acordo com o inventor do biquíni, o engenheiro e *designer* (p. 140) de roupas francês Louis Réard, sua invenção, oficialmente apresentada em 1946, também era "explosiva".

BLACK TIE Traje masculino usado em eventos formais, composto de terno preto com lapelas de seda ou cetim e gravata-borboleta preta. O mesmo que *smoking* (p. 217).

BLAZER Casaco ou paletó esporte, feito de tecido leve, com dois ou três botões. A grafia aportuguesada "blêiser" é menos usual.

BLUSH Cosmético em pó ou creme cuja coloração oscila entre o rosa e o vermelho, usado para dar cor mais viva às faces do rosto. O anglicismo *blush* é sinônimo de "ruge", palavra de origem francesa (*rouge*). *Blush/blushed/blushed* (corar, ficar vermelho) é também um verbo na língua inglesa. Ex.: *He blushed when he realised he had made a blunder* (Ele ficou vermelho quando percebeu que tinha cometido uma gafe).

BOBE/BOB Pequeno cilindro oco e vazado, normalmente de plástico, usado para ondular ou cachear os cabelos. Essa palavra pode ter sido incorporada ao português a partir das expressões *bobbed hair* ou *bob cut* (corte de cabelo feminino, curto e reto) ou da palavra *bobby pin* (grampo de cabelo). A grafia "bóbi" também é empregada no Brasil. O termo equivalente a *bobe* nos países anglófonos é *hair curler*.

BODY Peça de roupa justa e de tecido elástico do vestuário feminino. O *body* é uma peça inteiriça que pode cobrir todo ou parte do corpo. O equivalente em inglês é *bodysuit*.

CARDIGAN Casaco de malha com decote em V ou redondo, aberto na frente e com botões ou zíper. Embora exista a forma aportuguesada "cardigã", a grafia original em inglês *cardigan* é bastante usual.

DESIGNER ver **Ocupações e atividades** p. 138

DREAD(S) Abreviação de *dreadlocks*. Estilo de cabelo caracterizado por tranças longas e finas ou grossas, comum entre os rastafáris e que o cantor de *reggae* (p. 135) jamaicano Bob Marley (1945-1981) ajudou a popularizar. Na língua inglesa, a palavra *dread* pode ser um substantivo (medo, temor, pavor) ou verbo, dread/dreaded/dreaded (temer, recear). Ex.: *A burnt child dreads the fire* (Gato escaldado tem medo de água fria).

FASHION De *fashion* (moda). Esse anglicismo remete a algo que está na moda: óculos *fashion*, vestido *fashion*, cor *fashion*, etc., ou alguém que se veste ou se produz de acordo com a moda: "Ele está mesmo *fashion* com o seu novo penteado". Além disso, *fashion* é um termo empregado para se referir à indústria da moda ou eventos relacionados à moda, como "São Paulo *Fashion* Week", "*Fashion* Rio". Em inglês, o substantivo *fashion* pode também significar jeito, maneira, forma ou modo. Ex.: *The note was written in a rather sloppy fashion* (O bilhete estava escrito de uma forma um tanto desleixada).

FLEECE De *fleece* (lã). Tecido leve, confortável e que simula a lã, daí o nome *fleece*. Esse tecido é fabricado com fibras de poliéster que garantem um bom isolamento térmico. Por essa razão as roupas confeccionadas com *fleece* são uma boa opção para regiões frias ou durante o inverno. O termo *fleece* refere-se tanto ao tecido como à peça de roupa fabricada com ele. Confira o exemplo em inglês a seguir: *It's windy out here! I think I'll put on my fleece* (Está ventando muito aqui fora! Acho que vou colocar o meu *fleece*).

HIPSTER ver **Sociedade, comportamento e movimentos culturais** p. 168

JEANS De uso informal e com costura reforçada, as calças *jeans* são fabricadas com tecido de algodão resistente chamado denim. Esse tipo de tecido foi primeiramente fabricado na cidade de Nimes, na França, ficando conhecido como tecido "de Nimes", o que originou a palavra "denim". Embora o tecido do *jeans* tenha surgido na França, foi na Califórnia, Estados Unidos, na época da "corrida do ouro" (*gold rush*), por volta de 1853, que ele começou a ficar conhecido. Um jovem comerciante chamado Levi Strauss percebeu que as roupas dos garimpeiros não eram apropriadas para o desgaste que sofriam e teve a ideia de produzir o primeiro par de calças com o tecido denim. Elas logo se tornaram um sucesso entre os garimpeiros e desde então Strauss não parou de melhorá-las. As primeiras calças *jeans* de coloração azul (antes eram marrons) surgiram por volta de 1890, quando Strauss decidiu tingi-las com o corante de uma planta chamada indigus, o que as tornou mais atraentes e ainda mais populares. Foi no século XX, após a Segunda Guerra Mundial (1939-1945), que o *jeans* conquistou o mundo. Filmes com *cowboys* (p. 139) usando calças *jeans* e o movimento *hippie* (p. 176), que fez uso do tecido denim como forma de protesto, ajudaram a propagar a moda. O nome *jeans* começou a ser empregado na década de 1940 nos Estados Unidos. O termo é uma corruptela do francês "Gênes" (Gênova), cidade portuária italiana onde os marinheiros usavam calças feitas com o tecido "de Nimes" (denim).

KILT É o tradicional saiote escocês masculino. Um traje típico usado por homens e meninos na Escócia. É feito de lã, com desenho xadrez e comprimento da cintura aos joelhos. Trata-se de uma vestimenta mais formal e normalmente usada pelos escoceses em funerais, casamentos, festas, comemorações e eventos esportivos.

LEGGING Calça feminina justa, de malha ou *lycra* (p. 97), normalmente sem bolsos ou botões, que vai até o tornozelo. Muito usada por mulheres em academias de ginástica, mas também no dia a dia. Observe que o termo equivalente em inglês é *leggings*, ou seja, no plural. Ex.: *Betty often wears leggings to work out in the winter* (Betty frequentemente usa calça *legging* para fazer atividade física no inverno).

LONG JOHN Roupa de borracha comprida usada por surfistas para se protegerem da água fria no inverno. O termo equivalente nos países de língua inglesa é *wetsuit*. Ex.: *He always wears a wetsuit when he goes surfing in the winter* (Ele sempre usa um *long john* quando surfa no inverno). Vale acrescentar que existe na língua inglesa a expressão *long johns* (roupa de baixo comprida, usada no inverno), da qual o "*long john* brasileiro" pode ter se originado.

LOOK Aparência exterior de uma pessoa. O mesmo que "aspecto visual". *Look* pode também ser definido como o estilo próprio de se vestir, pentear ou maquiar, conforme exemplificado na frase: "Ela tem um *look* supermoderno".

LYCRA ver **Marcas registradas** p. 95

MAKE-UP O mesmo que "maquiagem". O anglicismo *make-up* faz referência também ao conjunto de cosméticos usados para maquiar, como o *blush* (p. 213), batom, *pancake* (p. 216), rímel e outros.

PANCAKE Sinônimo de "base", cosmético usado como corretivo para cobrir imperfeições na pele do rosto. Palavra formada a partir da junção dos substantivos *pan* (panela, frigideira) e *cake* (bolo), *pancake* é também a palavra em inglês que deu origem a nossa "panqueca".

PEELING Procedimento dermatológico e estético que objetiva a renovação da pele do rosto através do uso de produtos químicos. O *peeling* ajuda a eliminar manchas, marcas, acnes e pequenas cicatrizes na pele do rosto. Expressão formada a partir do verbo *peel/peeled/peeled* (descascar). Ex.: *Sammy peeled the potatoes and cut them in half before cooking them* (Sammy descascou as batatas e as cortou ao meio antes de cozinhá-las).

PIERCING Anglicismo formado a partir do verbo *pierce* (perfurar, furar). Trata-se da perfuração na pele, orelhas, lábios, nariz, língua e outras partes do corpo, para uso de adornos de metal esterilizado. O termo *piercing* designa também a peça que é introduzida no orifício criado pela perfuração. A prática do *piercing* é moda na sociedade contemporânea e considerada por alguns um item estético *fashion* (p. 214). É também uma tradição milenar presente em várias culturas não ocidentais.

ROLL-ON Diferentemente da embalagem aerossol (ver *spray* p. 217), a versão *roll-on* de um desodorante tem uma espécie de "bola giratória" na extremidade, usada para aplicação do produto. Mais um termo incorporado ao português a partir da língua inglesa. Confira o exemplo: *Natalie prefers roll-on deodorants to sprays* (Natalie prefere desodorantes *roll-on* em vez de *spray*).

SHORT/SHORTS Calção de uso informal e esportivo usado por homens e mulheres, normalmente mais curto que a bermuda. Embora as duas grafias (*short* e *shorts*) sejam comuns no Brasil, o mesmo não ocorre nos países de língua inglesa, onde *shorts* é a forma empregada. Ex.: *Jake often* *wears T-shirts and shorts in the summer* (Jake frequentemente usa camiseta e *short/shorts* no verão).

SMOKING O mesmo que *black tie* (p. 213). Traje formal masculino usado em eventos sociais e cerimônias, composto de terno preto com lapela de seda ou cetim e gravata-borboleta preta. O anglicismo *smoking* tem origem na expressão *smoking jacket*, uma espécie de paletó folgado de veludo ou seda, usado antigamente pelos ingleses quando se reuniam para fumar charuto ou cachimbo. Essa vestimenta protegia a roupa dos fumantes do cheiro e das cinzas. A palavra *smoking* na língua inglesa está relacionada ao ato de fumar e é empregada em frases fixas usuais como *smoking area* (área para fumantes) e *no smoking* (é proibido fumar). É importante também esclarecer que em inglês usa-se a palavra *tuxedo*, ou a forma abreviada informal *tux*, para se referir ao traje formal masculino. Ex.: *I had to rent a tuxedo/tux to go to a friend's wedding* (Tive que alugar um *smoking* para ir ao casamento de um amigo).

SPRAY Qualquer líquido (desodorante, perfume, inseticida, etc.) em recipiente com bomba de pressão (embalagem aerossol) que pode ser borrifado. O anglicismo *spray* faz referência ao recipiente em si ou ao jato de líquido que é pulverizado. *Spray/sprayed/sprayed* (aplicar com *spray*, borrifar) também é um verbo na língua inglesa. Ex.: *Tiffany sprays perfume on her neck whenever she goes out on a date* (Tiffany passa perfume no pescoço sempre que vai a um encontro).

SURFWEAR De *surf* (surfe) e *wear* (vestir, usar). Moda (bermudas, camisetas, moletons e outros acessórios) inspirada na cultura do surfe. Entre as marcas de *surfwear* internacionais mais conhecidas estão a Quiksilver, Billabong, Reef, O'Neill, Oakley, Element, RVCA, Hurley, Volcom e Rip Curl.

TOP ver **Curiosidades** p. 47

TOPLESS ver **Sociedade, comportamento e movimentos culturais** p. 168

TWEED Tecido encorpado de lã de origem escocesa, com fios de duas ou mais cores.

VINTAGE O anglicismo *vintage* qualifica algo antigo (mobília, carros, roupas, relógios, joias, etc.) que é valorizado por sua alta qualidade. São peças, produtos ou artigos que marcaram época, considerados "clássicos" e que por essa razão estão sempre na moda (óculos *vintage,* móveis *vintage,* relógio *vintage,* moda *vintage,* etc.). A palavra *vintage* é empregada também como substantivo na língua inglesa, com o sentido de colheita de uvas (vindima) ou safra de um vinho, especialmente uma safra de ótima qualidade.

ANGLICISMOS APORTUGUESADOS

Bandeide *(Band-aid)*
Bangalô *(bungalow)*
bangue-bangue *(bang-bang)*
basquetebol *(basketball)*
bazuca *(bazooka)*
becape *(backup)*
beisebol *(baseball)*
bife *(beef)*
bipe/bip *(beep)*
biquíni *(bikini)*
blecaute *(blackout)*
blefe *(bluff)*
blogue *(blog)*
boicote *(boycott)*
bugue/bugre *(buggy)*
buldogue *(bulldog)*
bumerangue *(boomerang)*
caiaque *(kayak)*
cânion/canhão *(canyon)*
cardigã *(cardigan)*
carte/kart *(kart; go-kart)*
cartum *(cartoon)*
caubói *(cowboy)*
checape *(check-up)*
cheque *(check)*
chute *(shoot)*
clipagem *(clipping)*
clipe *(clip)*
clique *(click)*
clube *(club)*
contêiner *(container)*
copidesque *(copy desk)*
coquetel *(cocktail)*
córner *(corner)*
craque *(crack)*
Obs.: Droga derivada da cocaína.
críquete *(cricket)*
customizar *(customize)*
dábliu/dáblio *(double-u)*
dândi *(dandy)*
deque *(deck)*
dérbi *(derby)*
destróier *(destroyer)*
detetive *(detective)*
disc jóquei/disque jóquei *(disc jockey)*
dólar *(dollar)*
drinque *(drink)*
dropes/drops *(drops)*

escâner/escaneadora *(scanner)*
escuna *(schooner)*
eslaide *(slide)*
esnobe *(snob)*
esnórquel *(snorkel)*
esporte *(sport)*
esqueite *(skateboard)*
esquete *(sketch)*
estafe *(staff)*
estândar *(standard)*
estande *(stand)*
esterlina/libra esterlina *(sterling)*
estoque *(stock)*
estresse *(stress)*
estúdio *(studio)*
factoide *(factoid)*
faroeste *(far west)*
filme *(film)*
flape *(flap)*
flerte *(flirt)*
folclore *(folklore)*
fôlder *(folder)*
futebol *(football)*
gângster *(gangster)*
gangue *(gang)*
gim *(gin)*
gol *(goal)*
golfe *(golf)*
grogue *(groggy)*
hambúrguer *(hamburger)*
handebol *(handball)*
holerite *(Hollerith)*
hóquei *(hockey)*
ianque *(yankee)*
iate *(yacht)*
icebergue *(iceberg)*
iogurte *(yogurt)*
ioiô *(yo-yo)*
jipe *(jeep)*
jóquei *(jockey)*
júri *(jury)*
lanche *(lunch)*
lanchonete *(luncheonette)*
leiaute *(layout)*
líder *(leader)*
linchar *(lynch)*
locaute *(lockout)*
lorde *(lord)*
metrossexual *(metrosexual)*
mídia *(media)*
milorde *(milord)*
multimídia *(multimedia)*
náilon *(nylon)*
nocaute *(knockout)*
ofsete *(offset)*
overloque *(overlock)*
padoque *(paddock)*
panqueca *(pancake)*
pênalti *(penalty)*
picape *(pickup)*
picles *(pickles)*
pingue-pongue *(ping-pong)*
piquenique *(picnic)*
plugue *(plug)*
ponche *(punch)*
pônei *(pony)*
pôquer *(poker)*
pôster *(poster)*
pudim *(pudding)*
pulôver *(pullover)*

quitinete/kitnet *(kitchenette)*
rali *(rally)*
ranque *(rank)*
recorde *(record)*
refil *(refill)*
repórter *(reporter)*
revólver *(revolver)*
ringue *(ring)*
rinque *(rink)*
rosbife *(roast beef)*
rúgby *(rugby)*
sanduíche *(sandwich)*
sedã *(sedan)*
sinuca *(snooker)*
sítio *(site)*
suéter *(sweater)*
suingue *(swing)*
surfe *(surf)*
tabloide *(tabloid)*
tanque *(tank)*
táxi *(taxi)*
teipe *(tape)*
tênis *(tennis)*
teste *(test)*
tilte *(tilt)*
time *(team)*
tíquete *(ticket)*
trólebus *(trolleybus)*
truste *(trust)*
turfe *(turf)*
uísque *(whisky/whiskey)*
unissex *(unisex)*
videoclipe *(video clip)*
videoteipe *(videotape)*
voleibol *(volleyball)*
webinário *(webinar)*
windsurfe *(windsurfing)*
xampu *(shampoo)*
xerife *(sheriff)*
xérox *(Xerox)*
zíper *(zipper)*
zum *(zoom)*

NEOLOGISMOS

acessar *(access)*
brifar *(brief)*
bugado *(bug)*
checar *(check)*
clicar *(click)*
clonar *(clone)*
deletar *(delete)*
escanear *(scanner)*
estartar/startar *(start)*
frila *(freelance)*
hackear/raquear *(hack)*
impichar *(impeach)*
linkar/lincar *(link)*
logado (*logged*)
logar *(log)*
performer *(perform)*
plugar *(plug)*
postar *(post)*
printar *(print)*
ranquear *(rank)*
resetar *(reset)*
retrofitar *(retrofit)*
samplear *(sample)*
stopar *(stop)*
trollar/trolar/trolagem *(troll)*
tuitar *(tweet/twitter)*
tuíte *(tweet)*
zap (WhatsApp)
zapear *(zap/zapping)*

ÍNDICE DE PALAVRAS E EXPRESSÕES COMENTADAS

C

M

N

O

P

T

X

Y

Z

BIBLIOGRAFIA

Livros

BURKE, Peter e Maria Lúcia Garcia Pallares-Burke. *Os Ingleses*. São Paulo: Editora Contexto, 2016.

FISCHER, Luís Augusto. *Dicionário de palavras & expressões estrangeiras*. Porto Alegre: L&PM, 2004.

GODINHO, John. *Once upon a time um inglês ...: A história, os truques e os tiques do idioma mais falado do planeta*. Rio de Janeiro: Relume-Dumará, 2001.

MARTINEZ, Ron. *Inglês Made in Brasil: Origens e histórias das palavras do inglês usadas no nosso português*. Rio de Janeiro: Editora Campus, 2003.

SANTOS, Agenor Soares dos. *Dicionário de Anglicismos e de palavras inglesas correntes em português*. Rio de Janeiro: Editora Campus, 2006.

Sites

www. aulete. com. br
www. dicio. com. br
www. faletudoemingles. com. br
www. michaelis. uol. com. br
www. onelook. com
www. teclasap. com. br
www. wordreference. com
dicionario. priberam. org
Google
Wikipédia

Este livro foi composto nas fontes Ofelia Display e Karmina
e impresso em outubro de 2023 pela Gráfica Paym, sobre papel offset.